紐約時報暢銷女作家
Lynn V.Andrews 著
魯宓 譯

藥女
Medicine Woman

推薦序

李育青

這本書不是用來消遣的，而是一種追尋。確切地說，是一種對於「失落的本源」與「幽遠的智慧」的探尋。

我們所住居並經驗的世界，既非一片混沌，也不是秩序井然，所有的事物不過是散居其內，有其自身的存在而已。從長遠的眼光來看，人也不過是這些事物中的一環，沒有特殊的地位。我們在有限而支離破碎的認知夾縫中，試圖以自己為宇宙的「中心」，賦予生命中的種種偶發事件與周遭的事物附加的意義，以為終必領會所有事物「真相」或「真理」。殊不知，以渺小的「人」的立場來劃定宇宙事物的秩序，無疑如蚍蜉之撼大樹，徒顯不自量力而已。人，就像畫在海濱沙灘上的一張臉一樣，終將為歷史的浪潮所沖失。於是，對於救贖的追尋與超越的期盼，成了世世代代的人們靈魂的渴求。

琳恩．安德魯絲女士的旅程是一個關於婚禮籃、女戰士與獲取力量的夢。美洲印地安原住民認為夢境是一片陰暗的開闊地，一個人在那裡靈視片刻，似乎就可以認出自己，並掌握自己的命運。在夢裡，擺脫肉體束縛的靈魂投入大靈之中，和它融為一體，並水乳交融地匯入它的運行。然而，在夢的深處，碰到的將是自己的死亡。這種死亡，不過是生命蠻橫而血腥的中斷；而以其確實的形式而言，則恰恰是個人存在的實現。

艾格妮斯．呼嘯麋鹿一路引領琳恩穿越力量的誘惑與假象，內在恐懼與慾望的圈套，經歷自己的死亡，將力量帶進生命之流中。並透過與自己內在男性力量的交合，找到自己在夢中「坦露的心」，而獲得「婚禮籃」——孕育生命，創造律法，揭露真正世界的象徵與隱喻。

尼采說：「沒有比你的夢更屬於你自己的東西了。」，它說明著「個人身上最具有個性的特質。」，正如艾格妮斯．呼嘯麋鹿所說：「你的生命是條道路……能有一個異象，一個夢，是很好的一件事。」夢，是「世界的誕生」、是「存在本身的本源」，它能揭示那在最明顯的存在形式中起作用的，神秘而隱晦的力量。

這本書讀來就像一場夢，非關巫術，給人的感受就像風中的「哈達」一般，在時光的幽谷中，不斷反覆迴響著，你我心中無數次呼喚的回音。希望它能再度找到，在夜裡安靜的燈光下默默等候的讀者。

李育青 Apuchin（飛翔的山或禿鷹）

執業牙醫師，白井靈氣治療師，城市薩滿

成為藥女——走上內在的融合與療癒之路

許麗玲

上世紀八〇年代初，一位居住在美國比佛利山莊的年輕女子，在多年收集印地安及原住民文物的過程中，被一幅古老的婚禮籃照片所吸引，從而展開一連串不可思議的追尋與探險。

台灣的中文版是在一九九八年底出版的，那時我還在法國撰寫論文，直到二〇〇一年回到台灣才看到這本書，記得當時十分興奮地一口氣將藥女系列的三本中文翻譯都買齊看完。對於作者的親身經歷十分嚮往與佩服。

十多年過去，上星期為了要為這本書的中文再出版作序，才又從書架翻出書來。這回的閱讀經驗全然不同！我想這差異來自十多年所經驗的女性生命歷程。這一次，我進入許多的象徵與現實之間的連結，而這些連結也都和自己的生命經驗相對應。

許多人看完書後，都會問：「究竟這故事的真實性為何？」上網查作者琳恩・安德魯絲女士Lynn V. Andrews的相關資料，不難發現許多批評認為作者以虛構的故事當作親身的經歷來欺騙讀者。雖然如此，琳恩女士的書數十年來仍然十分暢銷（藥女再版四十多次，還被譯成十二國語言）。除了所謂的神秘異國風情的賣點之外，我相信這本書會風行如此之久，一定還有其它更重要的因素。

自從卡斯達內達Carlos Castaneda在上世紀六〇年代開始掀起風潮，新時代的靈性追尋除了朝向印度之外，又多了對美洲印地安人古老智慧的嚮往。這股風潮從美國向全世界蔓延。藥女的系列著作也在這般的風潮之中，提供了女性追尋古老靈性智慧的啟發及方向。

女性的內在覺醒是普世的心靈成長課題。書中，作者不斷地穿梭在現實與夢境之中。虛幻與現實最後融為真實的內在領悟與個人的成長。

從一開始，「婚禮籃」出現在一幅可能並不存在的藝廊照片上，接著它不斷地出現在作者的夢境之中。為何是「婚禮籃」？它和女性的內在覺醒有什麼關連？這也正是本書所要傳達的重要議題！從象徵的角度來看，婚禮籃象徵的是男女兩性的結合，也是陰陽這兩股相互背反卻又相互吸引的力量的融合。與萬物合一的過程，也是內在鍊金術的重要融合，婚禮籃正是啟動這樣的覺知與融合的關鍵象徵！有趣的是，不論男女，走上力量之路都需要先讓內在的女性覺醒！

因此，與其花心思了解究竟本書情節是否屬實，還不如進入書中主角的內在冒險，從而讓我們內在的女性也開始展開屬於她自己的探險之旅。這旅程也許和書中主角一樣，感受到男性權威的誘惑與恐懼，或許也會有生與死的挑戰與矛盾。更或許，真正的挑戰來自理性與感性之間的拉扯……。

不論如何，請記得回到內在寧靜的核心，感受自己的呼吸與存在！覺醒往往就在這個當下發生！

許麗玲　現代巫士
法國高等研究實踐學院宗教人類學博士
著有《巫路之歌》、《老鷹的羽毛》

譯序

魯宓

我們生活在忙碌而紛亂的現代社會，心靈無所寄託。但是在心裡的深處，我們都有這樣的期望：「現實絕不僅於此！」

於是醞釀而生的是各種大規模的宗教，各種精神上的追尋，讓我們在人世隨波逐流的同時，也相信自己有得到救贖的可能。

但是對於我們大多數人而言，各種宗教門派所陳述的教義與境界，都只是以文字建構出來的傳奇。事實上，世上目前盛行的大型宗教，經過上千年的人事沈積，多半變得糾纏複雜，純粹直接的真義被隱藏在人為的機巧與文字的表象之下，於是我們只有嚮往與祈求，而得不到真實的生命經驗與意義。

所幸的是，在遠離塵世的窮鄉僻壤中，尚存在著生活單純，與天地自然和諧相處的古老文化。但是在近代，我們把這樣的文化視為不開化的原始，不自覺地加以剝削壓榨，甚至趕盡殺絕。

不過現在情況開始改變。我們所依賴的科學物質經濟所帶來的是欲望的放縱與環境的毀滅。我們所崇信的宗教所帶來的只是空洞的安慰與妥協。於是我們產生懷疑與自省，重新審視周遭的一切。我們之中有些人瞎打誤撞，或者透過天意的安排，在我們所踐踏的原始文化中，發現了龐大而深奧的智慧。琳恩・安德魯絲就是這樣的例子，身不由己，半推半就地進入了印地安巫術的世界。

印地安巫術文化經歷了白人文明的摧殘考驗，反而淨化成為一種沒有包袱羈絆，直接而單純的行動哲學。所謂的巫士或巫醫，與大自然及周遭的世界存在著真實而奇妙的關係。在世俗人們的眼中，他們有超越現實的體驗與力量，回應著我們心中最深層的渴望。但是要體驗這種境界，則必須經過不容妥協的挑戰與艱辛的鍛鍊。在一般宗教中被視為傳奇與神話的際遇，在這裡成為必經的途徑與真實的考驗。

琳恩・安德魯絲以典型的西方知識份子身份，面對了超越文字理性的力量衝擊。她的疑惑與恐懼也存在於我們每個人內心深處。她扮演著橋樑的角色，帶引我們與她一起進入另一種現實的描述中，讓被困限於群體人類作為的我們，有機會選擇另一種行動與生存的方式，得到另一種的解答。

魯宓　巫士唐望系列　譯者
德州大學奧斯汀分校藝術碩士
師大美術系畢業

獻給我的老師——
艾格妮斯·呼嘯麋鹿

Part 1

若是沒有藥女，就不會有男巫。

一個男巫醫的力量，是被一個女人所賜予，總是如此。

男巫醫像是一隻狗，他只是女人的一樣工具。

現在情況似乎不再是如此，但這是千真萬確的。

——艾格妮斯·呼嘯麋鹿（Agnes Whistling Elk）

一枚新月從遠處的山丘上升出。天空美麗而深邃，某處一隻胡狼在唱著牠們的悲歌。

我正與一位老印地安婦人坐在火堆前。她的臉就像一顆老蘋果一樣充滿皺紋。她的顴骨很高，紮成辮子的長髮垂至肩下。她穿著綠色的格子襯衫，頸子上掛著一串藥輪珠鍊。

「妳的生命是一條道路，」她說，她的口音在初聽下很難聽得懂，「知情或不知情，妳開始了一場異象的追尋（Vision Quest）。能有一個異象，一個夢，是很好的一件事。」

她有某種說不出來的力量。她的人格似乎時時在變化。雖然她連最簡單的英文表達都有困難，她卻是我所見過最博學多聞的人之一，她極為自尊自重。

「女人是最終極的，」她說，「大地之母是屬於女人，而不是男人。她擁有著空無。」

這就是在我成為她的門徒之前，她對我說的話。我命中注定要在她奇異而美麗的領域中待上七年時間。這本書記錄著我的旅程——這是對於女性力量的讚頌——她讓我見到力量。

我走在遠方，草原上覆蓋著鼠尾草叢與低矮的雪松。我想到在月球隕石穴中的一處孤寂山谷。在這奇異與空曠的寂靜中，我來到一間精雕細琢的小屋，它可說是巧奪天工，我看透它的透明屋門。在左邊的玻璃後面，有一張女人的臉正瞪著我——那是一位古老印地安女人的臉。在右邊，我看到一隻藍黑色的烏鴉。這副情景使我想起馬格利特（Magritte，法國超現實主義畫家）的畫。

那位女人的頭開始前後晃動起來——帶有節奏，像一個節拍器。

「我要告訴妳多少次，」她斥責道，仍然搖著頭，「這個婚禮籃是不賣的！妳必須要靠努力掙得它，妳一定要掙得它！」

我吃了閉門羹後，注意力轉移到那隻烏鴉的閃亮眼睛上。烏鴉的身體轉過去對著老婦人的臉，以同樣的節奏晃動起來。

我嚇了一跳，烏鴉開始模仿老婦人的話語，這兩個遙遠的聲音是如此挑釁，我戰慄起來……

Part 2

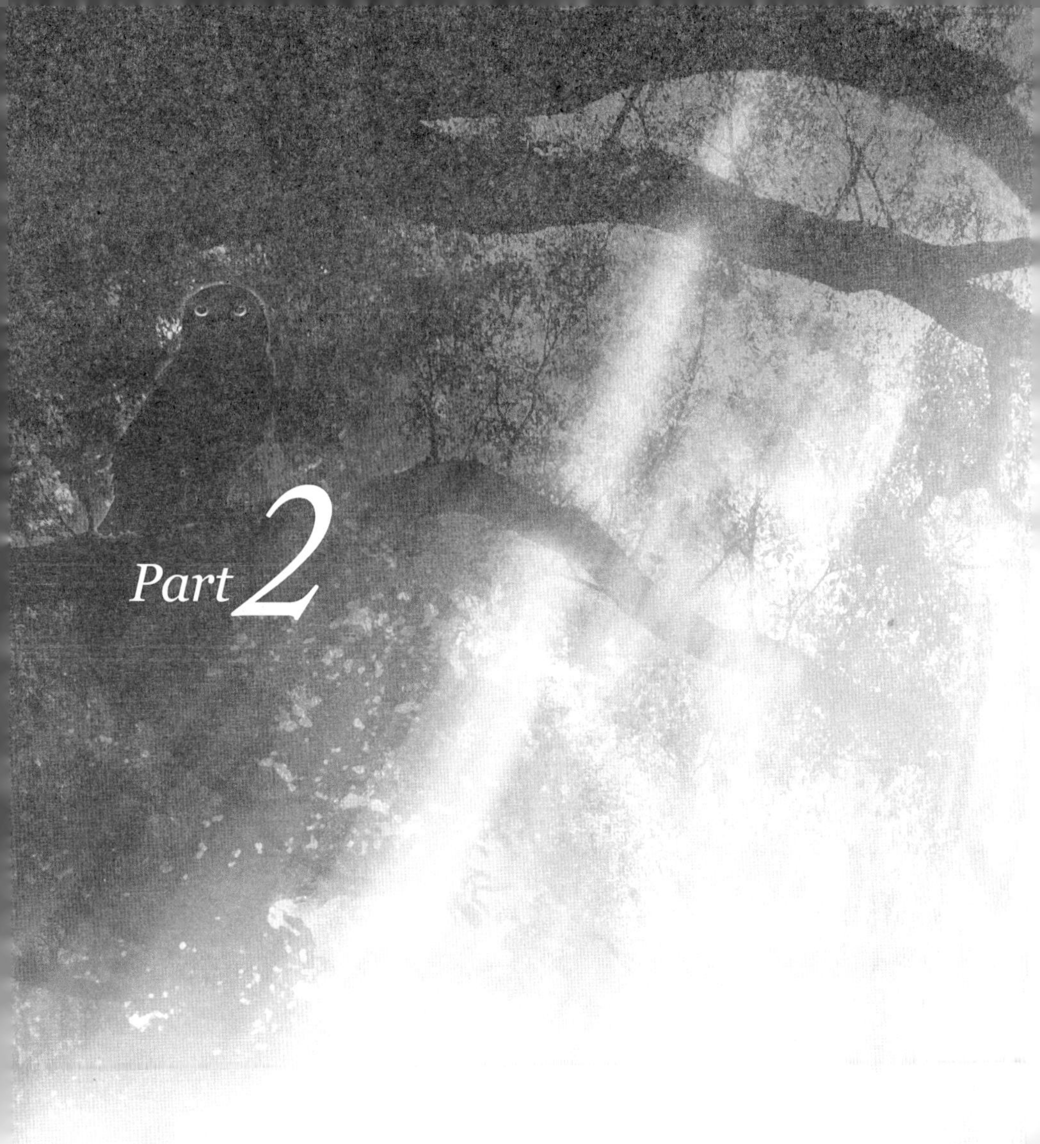

我這輩子只見過一個婚禮籃。

我知道這個籃子仍然存在。

至於在什麼地方，我不知道。

——*荷耶梅約斯特・巨風（Hyemeyohsts Storm）*

「妳準備好了嗎？」伊凡問道，急著想走。

「還沒有，」我回答，「信不信，我想我找到了一件有趣的東西。」我與我的一位精神科醫生朋友，伊凡．德米區醫生一起去葛佛藝廊看史提格李茲（Stieglitz，美國名出版家）展覽的開幕。藝廊中充滿了往常的藝術愛好者與附庸風雅的人士，我不感到意外，使我厭倦的是這個展覽，它十分平凡乏味。

直到我看到了那幅照片。

「等一下，伊凡，這不可能是史提格李茲的！」我說，拉拉他的衣袖。我們站在一幅照片前，內容是一個古老的美洲印地安籃子。伊凡勉強地看了一眼，仍然感到無趣，想趕快離去。

「這真是個有趣的設計……」我說，瞧的更仔細，「但是完全不像史提格李茲的作品。」我繼續凝視著籃子，它引人入迷。上面有複雜的圖案，一隻海豚與一條蛇，或一道閃電。我雖然是個美洲印地安藝術的收藏者，我從來沒有看過任何類似的東西。它的結構也很不尋常，我看不出來它是捲繞成的還是編織成的，它的完美使我著迷。不知它的出處，但是它已經存在於我的潛意識中。伊凡仍然皺著眉觀看展覽。這張八吋乘十吋大的照片有一種神秘的深褐色特質，我絕對不會把它與史提格李茲聯想在一起，我很奇怪這是他什麼時期的作品。我的眼睛落在照片下面的說明文字，我要尋找日期。上面有日期，還有名稱——「婚禮籃子」，然後我又吃了一驚。攝影者的名字是麥金利。在一大片史提格李茲的汪洋中，這是一座孤島。

伊凡不耐煩地看著我。

「你知道這個叫麥金利的攝影者嗎？」我問。

「不，我不知道！」他說，拉著我的手臂，「但是當我看到一群虛假的知識份子時，我馬上就認得出來，所以讓我們離開這裡去喝一杯吧。」

「但是我要這幅照片。」我說。

「明天妳自己回來買。」伊凡說，很粗魯地朝門口走去。

「至少讓我寫下名字。」我說，在我的皮包中尋找一枝筆，但是沒有找到。我抬起頭，看見伊凡在外面對我揮手，我嘆了口氣，心想我可以記住「婚禮籃」與「麥金利」，然後我出去追上伊凡。

那天晚上奇怪的夢境開始發生……我睡不著。一隻貓頭鷹不祥地在我臥室外面的橡樹上呼呼叫著。我用被單蓋住頭，直挺挺地躺著，不敢發出聲音。就在我開始墜入夢鄉時，婚禮籃的影像出現在我閉著的眼前，黑暗而神秘。這個夢在我的意識中爆發成一陣狂野的呼嘯聲。我驚醒過來，直坐在床上，瞪著大眼，非常恐懼。然後我生氣地甩開被單，衝進浴室中。我打開燈，在藥櫃裡四處翻找，同時懷疑地瞄著鏡子，看看是否有什麼陰影晃動。一瓶阿司匹靈掉在地板上破成碎片，我彎腰撿拾藥丸與玻璃時，一頭撞倒了水槽……「該死！」

我吞了一劑胃乳片，回到了床上。房間裡很黑暗，除了一道月光在我臉上徘徊。我想到了一個故事，裡面的女主角在可怕的黃色月光下輾轉折騰，慢慢失去了她的靈魂。當我漸漸沈睡時，貓頭鷹又叫了，婚禮籃又跳進了我的眼前，這次是由一個老印地安婦人高舉著，她的雙眼明亮如鏡。這幅影像一直不停出現，直到最後我終於累得不省人事。

然後我所知道的是電話在響。已經是上午了。

「喂……」我說，不是很清醒。

「請找琳恩．安德魯絲。葛佛藝廊回她的電話。」一個愉快得過分的女性聲音說。

「我就是。我昨晚在你們的答錄機上留話，關於我在史提格李茲展覽上看到的一幅婚禮籃的照片。妳可以幫我訂下它嗎？」

「一個婚禮籃，小姐？」

「是的，一個美洲印地安婚禮籃，由麥金利所拍攝的，我想……我不很確定。我想是麥金利。」

「麥金利？」

「也許是……某個攝影師拍的一張老照片。」

「讓我查查看，安德魯絲小姐。」她讓我等待著，然後電話就斷了，響起了嘟嘟聲。

我掛上電話，扶著我疼痛的頭。一會兒之後，電話又響起了。

「安德魯絲小姐？」

「是的。」

「我們沒有這樣一幅署名麥金利的照片，或任何其他攝影師的。」

「什麼，你們沒有這張照片？」我坐直身子，突然警覺起來。

「我們的記錄中沒有一幅美洲印地安婚禮籃的照片，安德魯絲小姐。」她的聲音透著不耐。

「那是不可能的！我的意思是……一定有什麼差錯。我馬上就來，謝謝妳。」

我很奇怪地感到著急，幾乎到慌張的地步。我駕車穿過繁忙的交通，來到位於辛內加大道上的藝廊。前一晚使我身體疲勞，加上先前電話中的困惑，我很不滿意這家藝廊在簡單的記錄保存上的無效率。我把車子停在藝廊門外，進入藝廊中。空曠的白牆與掛在眼前，迎面而來的各種照片都叫我感到噁心——正如當時整個藝術風潮給我的感覺。符合風潮的藝術代理人走過來，瞄著我停在外面的積架轎車與我的名牌皮包。這個人一臉精明、消瘦，而且裝模作樣。

「安德魯絲小姐？」

「是的。我打過電話，關於那幅婚禮籃的照片，我在昨晚看到的。攝影者是麥金利。」我的聲音緊張而陌生。

「容我打個岔，小姐。首先請妳坐下來喝杯茶。妳喜歡加奶還是加糖？」他不等我回答就離開了房間。

我坐在藝廊中唯一的一張家具上。那是一個圓形的，塞的滿滿的，像個甜甜圈般的沙發椅。上面都是橘色的假毛，設計得讓人怎麼坐都不舒服。那人端著兩杯茶回來，他給我一杯，自己也坐下來。我們互相背對著對方，在沈默中啜飲著茶。我決定要他先開口。我越來越胡思亂想，相信他故意把那張照片藏了起來，好讓我付更多的錢。

「安德魯絲小姐，一定是有什麼誤解。我們查過了所有記錄，我們只有一幅麥金利的作品。」他停頓片刻，轉過頭來看我，僵硬地伸長脖子，差點從橘紅色的甜甜圈上摔下來。

「嗯，請讓我看看那幅照片。」

他聳聳肩，朝天花板看了一眼，然後又離開了房間。他去了很長一段時間，我相信他是在準備漫天要價一番。我緊張地用手指把橘紅色的假毛搓成一個個小球，凝視著牆壁上的照片。黑白照片中不祥的面具回瞪著我，反映著我最近的惡夢。我站起來開始踱步。他帶著一個小作品夾回來，瞄著我，以很不合宜的甜蜜語氣說，「都在這裡了，安德魯絲小姐。」他在沙發上打開作品夾，露出一張古舊的褐色照片，內容是在小大角（Little Big Horn，一處印地安戰場）上的印地安小帳棚屋，大約在1850年拍攝的。我急忙抓起照片，想在下面找到那張婚禮籃的照片。下面空無一物。

「你在騙人。」我說。

這個男人向後一跳，著急地叫道，「我告訴妳我們沒有那張照片，而且據我所知，我們從來都沒有。真的，安德魯絲小姐，我想這有點過分了。」

我發現了我的無禮、我的惡劣脾氣與失去控制，我找了個藉口，離開了藝廊。我飛馳穿過辛內加大道，回到比佛利山莊。到家後，我又泡了一杯茶，倒坐進沙發中，把我的腳翹高。然後我拿起電話，撥了伊凡的號碼。

「德米區醫生辦公室，」秘書回答，「有何貴幹？」

「請找伊凡。我是琳恩・安德魯絲。」

「醫生正在陪一個病人。請告訴我妳的號碼，我會請他回電。」

「這很緊急。請告訴他是我打來的。」

她讓我等待。錄音音樂懲罰著我的耳朵。

「喂，」伊凡粗魯地說。

「伊凡，記不記得昨晚看到的那張婚禮籃，攝影者的名字是什麼？」

「什麼婚禮籃？什麼攝影？我正在處理一件自殺性的人格崩潰病例，所以長話短說，琳恩。」

「我很抱歉打擾，但是我必須知道昨晚那張照片。你記得嗎？」

「我不記得什麼籃子的照片，」他斷然說，「而且那是一場史提格李茲的展覽。我不喜歡這種打擾。」

「但是就在我們離開時，我指給你看的。」

「琳恩，我想妳最好與我的秘書掛一個號，」他調侃我，「妳沒有讓我看任何照片，我向妳保證。」

「伊凡，你十分確定嗎？這很重要。那是一張深褐色的舊照片，至少七十年老——我想攝影者是麥金利。」

「我確定妳沒有讓我看過這樣的照片。我等下再打給妳。」他掛了電話。

我的頭在打轉。我知道我看過那該死的照片。我用我的手摸過它，也在夢裡看過它。到底怎麼回事？我突然感到非常疲倦。

我環顧我的起居室。我彷彿是坐在一間非洲部落與美洲印地安的混合博物館之中。近年來我孜孜不倦地收集了許多無價的文物，像是剛果的祖先雕像，神秘的崇拜物，戰爭的神祉，那瓦荷的織毯，及北美洲與瓜地馬拉各處的織毯。這個房間十分神奇，充滿了古代原始傳統的詩意與力量。掛在牆上的毯子對稱而完美，是我的熱愛。還有那個婚禮籃，蘊藏著魔術——我從來沒有像這樣渴望想要得到一件物品。

我坐進我的椅子，使自己舒服些，望著房間的另一端，那件我稍早時的最愛，一條來自於瓜地馬拉，黑白相間的手織孕婦肩帶。它掛在牆上，旁邊是一張馬雅的巨豹神殿照片，我兩個月前在瓜地馬拉的提卡皮登（Tikal-Peten）所拍攝的。我回憶起尋找那條肩帶的困難，它花了我一個月的時間……

我租了一輛吉普車，從瓜地馬拉市前往奇奇卡斯庭尼哥村（Chichicastenego），那是一處古老的印地安人市集，聽說我可以在那裡找到我決心要找的那種肩帶。鄉間風景優美至極——一塊塊的梯田與複雜的灌溉溝渠劃分著山腰——瓜地馬拉的馬雅人實行灌溉已有好幾世紀了。土地肥沃而蔥綠。我可以聞到豐富的泥土味，以及從茅草屋中傳出來的柴火煙味。我在正陽高照時到達了通往奇奇村的坡路。這個古老的村落位於高處，山路十分崎嶇，即使四輪驅動的吉普車都很費力。

在曲折山路的半途，交通停頓了。一輛巨大的馬戲團卡車在轉彎時駛出了道路，差點駛下懸崖。車上載了一隻母象與幼象。顯然這條路已經封閉了好幾個小時。

我熄了火，下車走到路旁。鳥群在高聳入天的樹梢上興奮地吵鬧著。馬戲團卡車的倒後檔齒輪已經完蛋了，兩隻象每動一下，卡車便嘎吱作響。一輛輛的車停下來。氣憤的瓜地馬拉人高聲咒罵著，或對挫折的司機提出建議。

騷動越演越烈。母象與她的小孩一直在卡車裡晃來晃去，卡車的舊木板車邊開始破裂，危險地搖晃著，離千尺高的懸崖邊緣只有二尺遠。吵鬧繼續著。就在這時候，一輛載滿了馬戲團表演者的大巴士來了。

背著生銹鐵鍊的畸形侏儒，手中拿著槓桿滑輪的肥胖女人與紋身的禿頭男人從巴士中傾巢而出。走鋼索的，空中飛人，還有跳肚皮舞的，全都是瓜地馬拉人，身材矮，皮膚褐黃，他們吼著要遊客滾到一邊去。

大象的長鼻發出恐懼的鳴叫，卡車又滑得更靠近深淵了，如果掉下去，這些動物必死無疑。侏儒們爬到卡車下面，高聲咒罵著。有五十多人在觀看這場騷動——穿著度假襯衫的遊客，瓜地馬拉人，穿著傳統長衫的印地安人，頭上頂著市集貨物的籃子。我們都屏息以待。

有一個侏儒拉了一條鐵鍊繞過卡車的車軸，另一個人把鐵鍊的一端繫在巴士的防撞槓上。卡車司機打入空檔，巴士發動了引擎。很難相信防撞槓沒有被扯掉，而銹鐵鍊也沒有斷掉。卡車慢慢被拉往後時，胖女人與紋身男人把石頭從地上丟開，彷彿在丟小卵石似的。現在，這些新活動使車上的大象停止晃動。侏儒跳上跳下，在半空翻著跟斗，整個叢林迴響著我們全體的歡呼聲。馬戲團繼續上路。

我到了奇奇村，但是得知我必須坐飛機到古老的馬雅遺跡提卡皮登，位於瓜地馬拉偏遠的省分，那裡有一個商人也許會賣給我那條肩帶。我跳上吉普，駛回瓜地馬拉市，又花了半天時間。

前往提卡皮登的飛機可真是不得了！機上只有十個座位，而我是唯一的乘客。那是一架舊軍用機，二次大戰的。我可以從地板縫隙間看到瓜地馬拉的叢林。我們預定在早上六點抵達那個小機場，但是甚至在那麼早，都感到壓迫人的炎熱與潮濕。飛行員在五十里見方的地區上空盤旋著，點點古代廢墟壯觀地從濃密的叢林中冒出來。他是在等待當地的一個農夫把一頭牛從泥土跑道上趕走，他才能夠降落。

為了便利遊客，博物館就座落於機場中。它幾乎是荒廢了。一個女人告訴我，我要找的那名商人已經回瓜地馬拉市了，她給我一個地址，說下一班飛機在四個小時後起飛。我非常失望。

我買了一罐冰果汁與一張地圖，向人詢問如何走到巨豹神廟的廣場。我把相機裝上底片，開始爬上那狹窄的小徑。叢林的鳥叫聲嘲弄著我，早晨的空氣充滿著甜辣椒的香味。小徑兩旁是巨大的棕櫚樹，還有開滿了花的蕨類蔓藤植物。越來越上升的氣溫使我汗流浹背，我把我的白襯衫綁在腰上。我一個人置身於巨大的石頭溝渠，平台，及星座台之間，對於那些象形文字與石雕十分著迷，呼吸著如鴉片般的濃郁香氣，我沒有發現我完全迷路了。

我轉過一個角落，進入一個小庭院中，不期地撞上一個很高的印地安人。我驚叫起來。

「妳在這裡幹什麼？」他問。他的臉年輕俊美，他安靜地站著。「妳應該在北方才對。」

「你是說在城市裡？」我問。

他嚴肅地望著我，繼續說話，彷彿他認識我。「妳要回到城市裡，但是妳的旅程是在北方。」

「我要怎麼回到機場？」我緊張地問，想要結束這段談話。

「坐下來。」他說。

他把我們身下的地面弄平，用一根樹枝小心地在土裡畫一個地圖，指出我應該走的方向。他很努力地想讓我瞭解他的意思，我注意到他說話時的優雅風度。當他說完時，我覺得我應該給他什麼，答謝他的麻煩。我翻找我的肩袋，但是我只能找到錢——一張二十元美金的鈔票。他收下了錢，眼中閃出奇異的光芒，他專注地凝視我。

「妳給我的錢使妳盲目，」他說，「我在四十四天內將派兩個幫手給妳。頭一個幫手是女的。妳不會把她當成妳的幫手。妳必須要收服這個幫手。我也會派一個男幫手，他將指出妳的去路。」他把二十元鈔票撕成兩半，一半給我，說，「留著它。」

我嚇了一跳，不由得驚呼一聲。

「我們將會重逢，」他說，「把這張破錢放在妳的包裹裡。」

「你是說我的皮包？」

但是我們的談話已經結束了。他只是有力地用樹枝指點著，說，「絕不要再回到這個地方。快走。」

我不想冒犯這個人，他顯然是個瘋子。我隨時可以回到瓜地馬拉，回到這個神殿，只要我想。但我向他表示我瞭解。

「趕快離開，否則妳會永遠找不到路。」

他站起來走開，幾乎立刻就消失在叢林中。我頭一個衝動是把那張無用的鈔票丟掉，但是我卻把它塞在我皮夾裡的一張信用卡後面。我朝飛機場走去，回到瓜地馬拉市，繼續尋找那神秘的孕婦肩袋……

現在那條肩袋就掛在我的牆上。十分美麗，的確值得我花費那麼多努力來尋找。我又喝了一口茶，猛然覺察與那位年輕印地安人的會面已經是一個多月前的事了。嗯，他可是守信用，我想。我根本沒有遇到什麼女性幫手，不管他是什麼意思。

「如果今晚我留在這裡，我會發瘋。」我大聲說。我向前傾，拿起咖啡桌上的一個銀盒子，打開蓋子，拿出一片紙，上面寫著一個名字和日期。我的老朋友亞瑟、戴索準備在二月十八日晚上八點舉行晚宴——就是今天晚上。我把請帖放回盒子裡。我的神經十分不寧，因為藝廊的事件及缺乏睡眠。我開始懷疑那個婚禮籃是否是我想像出來的。我甚至翻閱了上週時代週刊的藝文欄，尋找史提格李茲的展覽。上面有那個展覽的廣告。

然後我又失去了控制。我甚至打了幾通無用的電話到紐約的幾家藝廊。沒有人有一張麥金利的婚禮籃照片，雖然有一個人似乎聽過它。我需要面對現實。我決定去伊麗沙白．亞登美容院去修腳指甲。

等我回家時，我在床邊坐了一會兒，把新上了指甲油的腳趾在一張軟鹿皮地毯上摩擦。然後，把鬧鐘定在兩個小時後，我倒進枕頭裡，進入了夢鄉。

「不，不，不……」我聽見自己的聲音從遠處傳來。突然間，我醒來了。我正在揮舞著雙手，枕頭丟到四處，好像是被我甩的。我坐起來，仍然可以看見我的夢境，我推著面前的空氣，彷彿我的胸前有巨大的重量。這個影像不可能只是一個夢！我非常清晰地看見一個小女孩，目光明亮調皮，手中拿著婚禮籃朝我伸出來。她在引誘我靠近些，更近些，更近些，然後她忽然開始變高，婚禮籃變得龐大。她朝我衝來，用那籃子威脅著我。

「喔老天……不要再來一次！」我說。打開燈，用被單包住身體，我瞄了一下鬧鐘，它剛好響了，我把它按掉，躺下來抱著剩下的枕頭發抖。我想要爬起來，把屋內所有燈點亮。

我顫抖地下了床，著裝去赴亞瑟的宴會。我開車前往貝愛（Bel Air），只有十分鐘遠，順著卡羅武德大道（Carolwood Drive），經過華德．迪斯奈的家。我想起了李昂．葛雷，貝愛的開發者，他住在迪斯奈旁邊的一棟巨宅中，有著如凡爾賽宮般的花園，好幾畝整齊劃分照料的小徑與籬笆，還有無數玫瑰的花園，寧靜地圍繞著龐大的建築。他的家人都稱他老爸，一個具有魅力與勇氣的人，孤獨地生活在這巨宅中，除了偶而有家人前來探望。他後來成為一個酒鬼。這個擁有一切的人，卻迷失在酒精中。我時常想起他。老爸就像我父母的許多朋友，他們的頭半輩子鞠躬盡瘁地累積了大筆財富，最後幾年卻沈溺於怨恨與自毀之中。我不要我的生命有這種收場。

財富的象徵在這條蜿蜒的道路兩側一直蔓延下去。我慢下速度來觀看這些精緻的花園，樹木形成了漫長而莊嚴的迴廊，樹葉在月光下閃爍。那些修剪過的樹叢和花床，像是用指南針排列的，這對我是一大享受，貝愛這個有秩序與富饒的世界是我所熟悉的。通常我會沈醉在這裡的空氣與寧靜，奇怪為什麼一個人會想住在別的地方。但是今晚我感覺像個沒電的電池。我開得快些，眼睛回到路上。

又開了三哩路，我到了亞瑟的屋子。我可以看見窗戶裡的光亮，聽見音樂。在街上停了約十輛車——勞斯萊斯，朋馳，一輛巨大的四輪驅動越野卡車。不知道亞瑟這次又找了什麼人。亞瑟喜愛知性的晚宴，讓科學家和企業家與藝術家和精神導師們相抗衡。亞瑟是在煉油業中創造了他可觀的財富，離婚四次，有兩個小孩，幾乎經歷過所有的精神與心理的治療。毫無進展。我雖然喜愛亞瑟，我也提防著他。你從來不知道他要做什麼——尤其在這樣的晚宴中。

一個金屬似的聲音來到了對講機，帶著口音。是那個法國的女侍。

「法蘭西絲，我是琳恩·安德魯絲。」

一陣撥弄聲，法蘭西絲打開了那沈重的中國式漆木門。

「Comment ca va?（好嗎？）」我問。

「Tre's bien, merci, Mademoiselle Andrew. C'est magnifque!（很好，謝謝，安德魯絲小姐。非常好！）」她叫道，拉著我日本和服式的黑紗，熱絡地拍著我的手臂。突然間從綠色磁磚鋪成的水池那裡來了「貝克維爾的獵犬隊」，這是我為亞瑟的約克夏小狗們所取的綽號，一團團毛絨絨的小枕頭，怒氣沖沖地吼叫著。

「喔！要小心那一隻，安德魯絲小姐，」法蘭西絲警告說，「別忘了，牠會咬人。」

「梅林不會咬我。牠認得我。」

梅林對我咆哮，嗅嗅我的腳趾，毫無顧忌地就用牠的小牙齒咬進我絲褲中的腿。

「啊，你這個小魔鬼……！」我叫道，把牠踢開。牠沒有咬破我的皮膚，但是我的褲子上有幾個牙齒洞。

「死狗！」法蘭西絲責罵道。

她彎下腰，把三隻狗趕入狗屋，牠們仍在嘶吼著。

我爬上通往起居室的磚造樓梯。每一階都有小蠟燭，粉紅色的花朵從樓上垂吊下來。亞瑟微笑著站在樓梯頂端，穿著他的傳統耶魯大學藍外套及灰色的法藍絨褲子，手中拿著一杯雞尾酒。

「親愛的，妳遲到了。」他說。

「你的狗剛才咬了我，小野獸！」

「牠有這種習慣。來吧，親愛的。我很喜歡妳的頭髮。我有一些很重要的人物要介紹妳認識。」

他接過我的和服，放進一間壁櫥。

「你今晚到底打算搞什麼，亞瑟？」

「嗯，我為妳準備了一個特別的驚喜，一個美洲的印地安巫醫，他寫了暢銷書「七支箭」（Seven Arrows）。妳聽過他嗎？」

「聽過！我很高興能認識他。」

「我想妳會的，」亞瑟帶著嘲諷說。我們走進長方形的白色起居室。火爐裡有火焰劈剝作響。雷·郝略特（Ray Howlett）的燈光藝術將微妙的虹彩光線反射到拱形的天花板上。在長的皮沙發椅後面，一張費茲·史考德（Fritz Scholder）的油畫覆蓋了整面牆，還有一個平靜的佛陀，六尺高，年歲久遠而斑駁點點，觀看著我們全體。

亞瑟介紹他的客人。「琳，我要妳見我最親密的老友，來自於康乃狄克，喬治·

漢姆德，和他的妻子潘蜜拉。喬治在銀行工作。」

「哈囉。」我說。

「妳認得伊凡．德米區的。」

我們摟了摟。

「還有我的女友，海倫，今晚她要慶祝一個鉅額的保險交易成功。」

「真好，」我說，好奇地瞄著她。

「妳見過費蘭德醫生與羅倫嗎？」

「我想沒有。」

「費蘭德醫生在研究抗老化（anti-aging）。他剛從印度回來。」

「很高興認識你。」我與醫生握手。他的頭剃得光光的，在郝略特的光盒照射下又藍又紅的。他的細長鬍鬚看來很適合他，目光閃爍。羅倫是個很高的美女，有豹的優雅。她對我微笑。

亞瑟然後介紹一個我近年來最喜愛的女演員。她穿著寬鬆的褲子，和一件皮背心。

「現在，最後一位，但絕不是最不重要的，容我引見荷耶梅約斯特．巨風

（Hyemeyohsts Storm），「七支箭」的作者。」我伸出手致意。我對他的第一個印象彷如北極一樣的空寂。亞瑟給我一杯伏特加蘇打，我幾乎沒有發現自己接過了酒。巨風與我開始談起他的書，以及跳躍老鼠，書中那個我最喜愛的角色。當我們談話時，我發現有某種東西控制了我……許多人夢想能找到一個人把美感帶入他們生命中，不管那人是多麼平凡。我就有這種感覺，這不是巨風所說或所做的任何事。也許只是他的在場，或他的友誼。直到今日，我還不知道。但我感覺到我被定住了，突然與巨風一起進入了一個神奇的範圍中——我同時在他身後，也在他四周。幾分鐘之前還很舒適熟悉的外在事物，現在變成了不適與侷促的來源，我感到不安。

女侍打破了我們的沈浸，宣佈晚餐準備好了，每個人都站起來，手中拿著酒。我們穿過了冰涼夜晚空氣中的花園陽台，走下迴旋的金屬樓梯，進入僧侶之谷——那是我為亞瑟的餐室所取的名字，因為牆上裝飾著西藏藝術。我注意到亞瑟與海倫有點搖晃。這表示接下來的時間會很瘋狂。

「妳覺得如何？」亞瑟低聲問，指著巨風。

「非常有趣，」我簡單地說。亞瑟讓我們坐入一張長木桌，中間有一盆美麗的花。杯碗餐具閃爍生輝。亞瑟坐在桌子的主位，讓巨風坐在另一頭——這裡所謂的

「刑座」。我坐在巨風右側。法蘭西絲和其他的法國女侍開始服侍我們菠菜沙拉和酒。每個人都在談論費蘭德醫生的抵抗老化研究。

「坦白說，我想我只要在我的背上縫一條拉練就好了。」女演員說。

我們在輕鬆愉快的氣氛中吃完沙拉。

「今天晚上我希望你們能盡情說任何事，做你們想做的任何事。」亞瑟宣佈。

「好的，亞瑟，但是今晚讓我們以幽默的方式表達，而不帶諷刺。」伊凡用他迷人的俄國口音開玩笑說。

「沒有限制，沒有限制。」海倫說，舉起她的酒杯慶祝她自己的話。法蘭西絲開始端上主菜，乳鴿與糙米。

「絕不要預先設限。你只會忍受它的死亡。」女演員說，切開乳鴿的胸，露出裡面的作料。「你同意嗎，伊凡？」

「是的。當妳活著時，妳也許會覺得妳是死的；妳會感到迷失。」他睨視著她。

「我覺得在這個世界上，唯一的答案是佛洛依德的心理分析。」亞瑟說，又倒了一些酒。

「唯一的答案是做你想做的，如果你做不到，就找別人替你做。」康乃狄克的銀行家說。

亞瑟轉身對我說，「琳恩，我認為任何與美洲印地安人站在同一邊的人，都是失敗者。」法蘭西絲收走餐盤，其他女侍端上奶油布丁。

「你認為我是個失敗者嗎？」我問，習慣了他的攻擊。

「就印地安人來說，是的。你認為如何，巨風先生？」

「不怎麼樣，」巨風沈靜地說，「順便告訴你，我對你說話只有一種方式，戴索先生，那就是以相同的方式禮尚往來。」

房間安靜了下來。

「你這是什麼意思？」亞瑟問。

「我示範給你看，」巨風說。他的儀態影響了周圍所有人。「說『伊凡不重要。』」這個人似乎像個深谷一樣神秘深沈。他顯然是個達科塔族或蒙大拿族的印地安人。你可以感覺出來。

「伊凡不重要。」亞瑟模仿著說。

「說『琳恩不重要。』」

「琳恩不重要。」

「說『海倫不重要。』」說完了全體客人，最後來到他自己，巨風說，「如果你不願意這麼做，我就不跟你說話。」

「你不重要，我仍然認為你是個失敗者。」亞瑟激烈地說。他重新斟滿他的酒杯。

「好吧，我不管你是不是要跟我玩。我跟你玩下去。」巨風說，語氣中帶著不祥。

我重新引導了談話方向，問起費蘭德醫生在印度做些什麼。

「我進行了一項研究，雖然我的方法聽起來有點怪異，或者不科學。我對於有些人能夠用意志力來降低體溫的能力感到興趣。我們發現如果身體維持較低的溫度，老化過程就會延緩。我靜坐了許多年，我知道有些瑜珈行者能夠進入出神的狀態好幾天，體溫也就降低，至少我希望如此。我到印度就是要找瑜珈行者來試驗。」

「你怎麼量他們的體溫？」演員問。

「嗯，這聽起來也許很好笑，但是我用了肛門的溫度計。我到印度各處用溫度計戳瑜珈行者的屁股。」

每個人都大笑起來，除了亞瑟，他一直憤怒地在海倫耳邊低語。突然間他命令她離開房間，她帶淚跑著離開了餐室。

假裝沒有看到這幅情景，我問，「你有沒有發現他們的體溫較低？」

「只有在少數幾個情況中，我發現了可測量的變化。」

「你有沒有在旅程中碰到真正厲害的導師？」伊凡問。

「有幾個。那些在深山中，沒人聽說過的大師，他們很有力量。有一個把我的衣服脫光，要我搬石頭為他蓋一個廟。那是在叢林中。我花了幾個月時間為他和他的學生做許多事。最後他讓我量他的溫度，然後他要我拆掉我所蓋的一切。」

「是的。」

亞瑟打岔。「巨風先生，在你的世界裡，你不是被視為某種瑜珈行者嗎？」

「那麼為何費蘭德醫生不插根溫度計在你的屁股裡？」亞瑟看起來很瘋狂。

所有人都驚訝地倒抽一口氣。

巨風安靜地站起來，繞過桌子，他的眼睛凝視著亞瑟的眼睛，這兩個男人之間的空間充滿了緊張的電流。巨風伸手到亞瑟的腹部前。他的手似乎消失在肚子裡，轉著扭著，彷彿他在抽出他的內臟。亞瑟劇烈地抖動著。

「這是為妳做的，琳恩，」巨風說，凝視著我。「我拿走了他的意志。現在我們可以談話了。」

巨風回到他的座位上。其他的客人似乎沒有發覺到發生了什麼事，繼續以一種虛偽的宴會方式交談著，亞瑟也是一樣，他似乎不醉了。他們彷彿都被催眠了。當巨風與我談話時，似乎沒有人聽見我們。但是我們沒有談到剛才所發生的事——我不敢。最後，我以顫抖的聲音問他，他是否聽說過一個婚禮籃。

「我這輩子只見過一個婚禮籃。」他說，不理會周圍茫然失神的賓客。

「你見過？」我興奮地問，幾乎忘了剛才所發生的。

「我知道這個籃子仍然存在。至於在什麼地方，我不知道。」

「但是你一定知道我在什麼地方可以找到它。」我緊追不捨。

他不動聲色地審視我，然後很仔細地說，「如果我要去找這個籃子的主人，我會去加拿大曼尼托巴省（Manitoba）的可羅里（Crowley）北邊的克利族（Cree）保留區。」他遲疑片刻，深吸了一口煙，專注地看著我，然後繼續說，「我會去找一個老女人，叫艾格妮斯・呼嘯麋鹿（Agnes Whistling Elk）。她是個荷猶卡（Heyoka），這是他們對女巫醫的稱呼——一個示範知識的女人。沒人知道艾格妮斯住在什麼地方。她常常遷移，而且似乎樂此不疲。」

「如果我不知道她的地址，我要如何找她？」

「艾格妮斯很難拿捏。所幸的是，有另一個女人可以幫助妳，只要她願意，盧碧．眾酋（Ruby Plenty Chiefs）。我相信盧碧知道艾格妮斯住什麼地方，但是我不敢保證她會幫助妳。盧碧也是很隱密的——特立獨行。妳也許會一路到了曼尼托巴，然後盧碧告訴妳轉身回家。如果她不願意，任誰也別想說服她。」

「有沒有什麼方法可以讓我接近這位盧碧．眾酋？」

「有的，帶給她煙草，一條香菸和一條印地安人的交易毯子。這是習俗。要記住，婚禮籃是神聖的。不要以為只要妳想要，妳就可以得到它。只有當妳配得上它時，妳才能得到它。」

「曼尼托巴省的可羅里？」我聲音微弱地問，心裡想著，又要重蹈覆轍了。

「妳為什麼特別要這個婚禮籃？有許多其他美麗的印地安籃子，比較不危險。」

不知為何，我知道他是在逗我。

「幾天前我在史提格李茲的展覽中看見一張婚禮籃的照片。從此之後，我就不停夢見它。我被這個籃子迷住了。我一定要找到它，至少得到它的照片。第二天我去那家藝廊時，照片已經不在了，他們也沒有任何記錄。事實上，這整件事像一場惡夢。」

「妳是個藝術收集者嗎？」他問。

「我收集以及代理北美洲印地安人藝術品，特別是籃子。」

「妳將經歷很大的麻煩，才能找到那個婚禮籃。它在做夢者的世界裡是非常神聖崇高的象徵。」

「做夢者？」

「是的，做夢者。」

「做夢者是什麼？」

「做夢者是一種人，他們能看見他們自己，以及其他人的夢，但是現在不是討論這個的時候。如果妳是認真的，我會畫一張地圖，告訴你如何從溫尼伯機場到克利族保留區。這是我的電話號碼。」

他在一張紙上寫下他的號碼，在背面潦草地畫了一個地圖，把紙塞進我手裡。然後他對我溫暖地笑笑，對其他人說晚安，就離開了。這時候我才發現他在我的手裡也放了一小塊灰色的皮毛。其他人的舉止仍然相當奇怪，不久後我們就都回家了。

第二天早上亞瑟的電話吵醒了我。「琳恩，我昨晚是不是很糟糕？」

「亞瑟，你應該停止喝酒了。」

「對不起，我感到羞愧。」

「食物很不錯。」

「我不知道我昨晚做了什麼，但是我的腹部有一塊嚴重的瘀血……痛得要命。」

「亞瑟，再次謝謝昨晚的宴會。我起來後會打電話給你。你也許是跌了一跤吧……」

Part 3

女人的聲音難道不是卡親那的聲音？

——艾格妮斯・呼嘯麋鹿

我的加航七二七客機降落在溫尼伯機場，我租了一輛車。三十分鐘後我在高速公路上朝可羅里前進，照著巨風的地圖。我打開車窗，深吸了第一口加拿大清新的空氣。我到底在幹什麼？在加拿大寒帶荒原尋找一個老女人？尋找一個籃子？

駕著車，籃子的影像略過我的腦海，在一剎那間，一個亮暗分明的龐大空間在我眼前展開。然後路面又進入視線，無聊又荒涼，我眨眨眼，使頭腦清醒些，更緊地握住方向盤。

我不知道是否帶對了衣服。我穿著牛仔褲，靴子，還有一件狩獵的卡其夾克。我的行李箱中裝滿了毛衣毛襪，法蘭絨睡衣，還有我的化妝包。我覺得有點冷，把暖氣打開。收音機沒有壞，但是收音很差，於是我關掉它。

天空龐大無比，四面八方我都可以看見曼尼托巴的偉大空曠地景。在起伏的原野上，綠草在風中搖曳著。

突然間我的車頭偏向左邊。我的左前輪爆胎了。「該死！」我叫道，猛力抓緊方向盤，車子曲折地衝上另一邊的路旁，滑了一陣後停下來。我不再做加拿大的美麗田野白日夢。坐了一下子，讓自己喘口氣，然後推開車門。「我的狗屎運。」

我生氣地下了車，踢著那變形的輪胎，四處觀望尋找任何生命的跡象，或是電話什麼的。目光所及空曠一片。我發覺從溫尼伯市郊開始就沒有看見別的車子了。好吧，這裡沒有什麼汽車維修俱樂部，我必須要自己換車胎了。我把換輪胎的工具拖到車子前面，半途把我的指甲弄斷了。我坐在泥土上思索如何使用千斤頂。至少這車子還有千斤頂，但是我花了半個小時才弄清楚如何把這玩意放在車子下面。

當我跪在地上裝起重桿時，我瞥見了兩個高而瘦的人影，從公路上朝我而來。我跳起來揮手叫喊，然後又控制住自己。他們是兩個年輕的印地安人，我有點害怕。他們走近時，我可以聽見他們以一種語言交談，我想是克利語。其中一個穿著褐色的方格短大衣，另一個穿著破舊的軍用野戰夾克。他們走到車子旁，穿短大衣的那個彎腰看看輪胎。然後他站起來，與另一個傢伙一起笑了。他們露著牙齒微笑凝視我，一起說著克利話。我生氣了。

「附近有電話嗎？」

他們的笑容加深。

「你們說英語嗎？」（許多保留區的印地安人不說英語。）

穿短大衣的人聳聳肩。沒有人試圖幫助我。

「多謝了，你們這些怪胎。」

我跪下去繼續與千斤頂角力。三十分鐘後，我渾身都是油污與輪胎的黑印，流著汗，喘著氣，但是輪胎換好了。我只希望在開車時它不會掉下來。

我不敢相信那些印地安人只是站在那裡觀望。我把千斤頂與扳手丟回車廂，站起來瞪著他們。他們站在十尺外，看著我。

「你們真是一對差勁的傢伙。」

我準備上車加速離去，這時穿著舊野戰夾克的人開始扭動他的雙手，像是在洗手似的。我覺得有點奇怪，但是沒有特別去注意。他聳聳肩，抬起頭，開始做出一些像是手語的姿勢。我的下巴與喉嚨裡面感覺到相當大的壓力，不知道他的手勢與我所感覺到的是否有什麼關聯。我的眼睛模糊了幾秒鐘，當焦距恢復時，看見那個人站的直直的，雙手垂下來。他們兩個正在銳利地注視我。

「你們想要搭便車嗎？」我脫口而出，把我自己嚇了一跳。

穿舊野戰夾克的人微笑說，「好啊，我們很樂意。謝謝您。」我很驚訝聽到他說流利的英語。他們鑽進後座，我們就上路了。輪胎似乎沒事。

我充滿了怒氣，決定要冷落這兩個人。柏油路向前延伸，似乎無限長。我餓壞了。我們沈默地行駛，樹木像是遠處的雕像。我開始較能適應廣大草原的孤寂空曠。

穿舊野戰夾克的印地安人開始輕聲吟唱起來，「嘿呀嘿呀嘿嘿喔呀。」他的朋友也加入了他。

我從後照鏡看著。他們閉著眼睛吟唱，隨著拍子點著頭。我的眼睛回到路上，慢下來閃躲一隻兔子。

「嘿呀嘿呀喔我是個孤獨的牛仔嘿呀嘿呀喔。」

我被這突然加入的字句嚇了一跳。在後照鏡中，穿短大衣的印地安人仍然吟唱著。當我們倆人的目光相觸，我臉紅起來。

突然間一隻翅膀巨大的鳥出現在正前方。我試圖閃躲，但是那隻鳥滑行到我們頭上，輕鬆地飛出視線之外。印地安人立刻開始大聲唱起來，然後突然停下來。

「我們要在這裡下車。」

我環顧四周，尋找房屋或甚至一條小徑，什麼都沒有，只有空曠的原野。我停下車。

「你們確定要在這裡下車？」

「是的。」穿短大衣的人說，沒有看我，打開了車門，一陣冷空氣突然灌進來。

我不記得有風。

「享受妳的旅程。」穿舊野戰夾克的人說。他銳利地回頭看了一眼，就與他的朋友走了。倆個人很快地消失在一個矮山丘後。

回到公路上，我注意到巨大的雲團陰影如鬼魅般緩慢移動於原野上。看著藍色的雲朵聚了又散，散了又聚，邊緣分明，夾帶著閃電。陰影不停地把事物藏匿起來——與我玩捉迷藏。我看見遠處的一排白楊樹消失，然後又在山後出現。四周沒有一點人跡，我急著要趕到可羅里，但是似乎要開幾小時的車才能到。地圖上顯示這條路已到了盡頭。

那裡有五、六棟建築。其中一棟的門上標示著：雜貨店與貨物交換—可羅里。一位印地安婦女帶著兩個小孩走出來，將紗門關的乒砰響。我把車子停在兩輛車之間，一輛是有拖車的舊卡車，拖車上載了馬匹。另一輛較新的卡車上坐滿了褐膚圓臉的小孩，他們正在吃著小蛋糕。小孩看著我格格笑了出來，同時把巧克力與蛋糕碎屑塞進嘴中。我下了車，這時另一輛載有馬匹拖車的卡車來到，掀起了一陣沙土。一個牛仔模樣的印地安人下了車。他身材魁武——至少兩百磅重。

「嗨！女士，妳來這裡看牛仔表演嗎？」他問。

「不，我不知道有牛仔表演。」

「嗯，現在妳知道了，」他微笑著說，「我們將玩繩索直到天黑。」

「謝謝你，但是我要找一個朋友。」除了正事之外，其他一概不談。我覺得這樣最好。

「是嗎，誰呢？」他問，拿起啤酒罐喝了一口。

「我要找一個叫盧碧．眾酋的女人。」路上的飛沙吹進我的眼睛，我打了個噴嚏，擦擦眼睛。

「沒有聽說過。妳確定是在這個保留區？」他奇怪地看著我。「再見。」說完，摸摸他的牛仔帽，走進店裡。我跟著進去，先在外面把腳踩乾淨。

店裡堆滿了罐頭食物、車胎、機油、蛋糕、引擎風扇皮帶……以及雜誌一疊，靠著告示板放置的報紙，被不停開闔的門弄得悉窣作響。後面有一個冰淇淋櫃，裝滿了牛奶與各種可樂。洋芋片與薯片包從高架排到地上。在這些混亂中，一對褐色的眼睛正冰冷地審視著我。

「妳需要幫助嗎？」店主高聲問著，我跳了起來。

「不！」

我很快瀏覽了這家店，不情願地從架子上拿了三包小蛋糕。

耍繩的人說，「這位女士在尋找一個叫做盧碧・眾酋的人。」

店主沒有顯露任何表情。原先在店裡觀察我一舉一動的幾個印地安人，轉開了他們的視線。我在皮包裡找著錢，店主沈默地應付著三個小孩和耍繩的人。接著他直直凝視我。

「她以前住在印地安博物館後面的那條路上，或者我想她是在黑高原（Black Mesa）上。」他繼續算零錢給耍繩人。

「你知不知道她現在是在什麼地方？」我問。店主轉身問店後面的一個人，「嘿，艾密，你知不知道盧碧・眾酋住在哪裡？」

「嗯，」他叫著說，「她以前住在那條路上，但是一年前搬走了。」

耍繩人聳聳肩。「來看牛仔表演算了。」

「改天吧。」我說。

他又聳聳肩，離開時用力關上紗門，沙塵吹進了屋內。

「拜託！」我說，「荷耶梅約斯特・巨風說我可以問這裡任何人盧碧・眾酋在哪裡，他們都會告訴我。」

店主露出笑容，吐了一口煙汁到地上。「妳可以試試看走那條柏油路，五又四分之三哩後左轉，走一條泥土路，過了橋後再走四哩。妳不會錯過那間小屋的。在路的右邊。嘿！妳要不要買那些蛋糕？」

我付了錢，趕緊離開，紗門被一陣風關上。我上了車，握住方向盤時感覺手中都是沙土。我檢查了汽油量後，在心裡盤算了一下還能跑幾哩路，然後開始朝盧碧．眾酋的小屋出發，順便吃了一塊蛋糕。

車行了剛好五又四分之三哩，便看見一條泥土路通往一座山丘。路面車跡累累，我又滑又跳地行駛著，時速只有十五哩。風靜止下來，擋風玻璃上都是灰塵，不得不停下來擦拭了兩次。然後我在石頭與樹木間看見一個小屋，約半哩遠，但是沒有人跡，只有一隻紅尾的老鷹在空中盤旋。

當我看清楚那簡單的四方小木屋時，我放慢了車速。在屋子前院有一隻大型的褐色動物靜立著，當車子更接近時，我發現那是兩隻鹿。我停下來。打開車門要下車時，一個印地安老婦人拿著一把龐大的屠刀走出前門，站在那裡瞪著我表示歡迎。我恐懼地凍結在原地。

老婦人穿著一件長的羊毛裙及紅黑相間的羊毛短大衣。她的長灰髮向後紮成一條辮子，臉色褐黃，滿佈著皺紋。她捲起衣袖，屠刀依舊凶惡地舉在身前。

「妳是盧碧・眾酋嗎？」我吞吞吐吐地問。

「是的。」她說，舉著刀朝我靠近一步，看起來仍然很不高興被人打擾。

「荷耶梅約斯特・巨風叫我來的。他說妳能幫我找到艾格妮斯・呼嘯麋鹿……」

我退到車旁以便能迅速逃走，而且幾乎是用喊的。

「是的，」她說，「我知道。」

我覺得很奇怪。可以想像我自己的模樣——一個瘋狂的金髮女無賴，渾身都是機油、灰塵與蛋糕屑。

「我能進來喝一杯茶嗎？」我問。朝前院走了一步。

盧碧點點頭，轉身走進屋內。我原本要跟她走，但卻在前院停了下來看那兩隻死鹿。就在這時候盧碧走出來，站在我面前，這次她雙手都拿著屠刀。那不尋常的古老眼睛帶著孩子的年輕光芒——一個很沒耐心的孩子。她把一支屠刀朝我伸過來，命令我幫她一起宰割那兩隻鹿。

「我們等一會再談妳的旅程，」她說，「我們會談到那婚禮籃。」她以男人的力氣抓住我的手臂說，「快一點，我們來工作了！」

我嚇壞了。她把屠刀遞給我，嚴厲地說，「學我做，快一點，趁它還沒有變硬。」

兩隻鹿躺在地上。她跪下來，把牠們移動到較好的位置，然後轉身對著我，揮著她的刀，並指示著我該如何切割。這個女人是我要找到婚禮籃的關鍵，所以我跪下來開始進行。盧碧正在割開後蹄，於是我也舉起刀，沿著蹄的邊緣割著。當血開始流出，皮肉發出被割裂的聲音時，眼淚也從我的臉上流下。我繼續割著，試著模仿盧碧，先是割的不夠深，漸漸我失去了耐心，生氣地用刀子刺穿骨頭——沒頭沒腦地一陣亂砍，鹿蹄就被砍斷了，落在草地上。我好想要尖叫。

老女人不疾不徐地割著每隻腿內側，一路割到腹部。她似乎從屠宰中得到一種瘋狂的樂趣，也要我跟著做。我盡力照著做，直到每隻腿的皮都被掀開來。當盧碧把她的鹿轉過來時，我也試著翻動我的鹿。我身上都是血，手中的刀也黏搭搭的。盧碧切開了鹿的內臟，一團腸胃突然衝出來掉到院子裡，我完全沒有心理準備。我閉起眼睛又戳又刺的。然後我看著地上的內臟。裡面有一隻胎兒，母鹿的乳頭還滴著奶。我感覺到一陣陣的噁心。我閉起眼繼續切割，失去了對小屋及時間的覺察，我的混亂隨著天色黯淡而增加。

不知道有多久的時間過去了，但是當我張開眼睛時，我正站在切開的肉塊中，而盧碧卻不見人影。

她從小屋中出來，把報紙鋪在兩隻鹿之間的地上，然後又開始處理她的鹿，依序地切開肝臟，腎臟，及心臟。她把肝與腎一個接著一個丟在報紙上，然後用手抓著仍舊溫暖的心臟。

「好，」她說，血液從她手指間滴下。「妳也做。」

我恐懼地深吸了一口氣。

「去做。」

我設法取出了每一個內臟。我的夾克與牛仔褲都浸滿了血。當我割下心臟時，盧碧站起來，面對東方，對著漸暗的天際舉起她的鹿心，開始以克利語唱起歌來。她的歌聲在我心中迴盪，我抬頭望著一輪明月及無雲的天空。盧碧慢慢轉身對著我，仍然唱著歌，眼睛閃著光。「嘿咿嘿咿……」歌聲停止了，一陣刻意的寂靜，接著她說，「這叫做閃電歌，是用來安慰鹿的靈魂。」

盧碧切下一片鹿心，開始吃起來。她用刀示意我要跟著做。

「喔，不……」我呻吟著。

我用刀刺入鹿的心中，割下一小片溫暖而堅韌的肉，放入嘴裡。我咀嚼著，無法下嚥，我的嘴裡都是血。

「呵！」她說，點頭表示可以。

我們再次開始工作。割下了鹿皮，捲成一捆。鹿的大眼睛在月光下閃爍著。這時候我已經沒有任何感覺了。

跟隨著盧碧的引導，我切下鹿頭，分開鹿腰與鹿肩，把一塊塊鹿肉丟進一個紙箱中。我們裝滿了四箱都是血的肉，盧碧把內臟丟給旁邊幾隻覬伺的狗。牠們又撕又吼地衝上去，然後囂嚷地跑開，拖著長長一串腸子。

很慶幸屠宰終於結束了。我累的只想睡覺。盧碧帶著一箱鹿肉進屋裡，然後回來又搬了一箱。我好奇著她什麼時候才要邀我進去，但是她搬完了鹿肉後就沒有再出來。我膽怯地用沾滿血的手敲敲她的門。

她打開門。「什麼？」

「我必須洗洗手。我可以進來嗎？我需要一個地方睡覺。」

「早上再洗。」她當我的面把門關上。

「等一下，」我叫道，「我要在什麼地方睡覺？」

我聽見她兇巴巴地說，「去睡在妳的車上！白皮膚……」

老天！她不能指望我這麼做，她不能！我環顧四周，尋找一個水龍頭。

我望著她的門幾分鐘後，才慢慢明白我是必須睡在車上；於是回到車上，試著把後座弄得舒服些。我聽見一些野獸的呼叫聲，便鎖上車門。我沒有睡得很好。

早上醒來時，盧碧正敲著車窗。這個老女人拿著一個錫罐及兩片乾鹿肉。我打開車門、接過食物，太睏頓了而只能點點頭表示感謝。錫罐裡裝了苦苦的液體，聞起來像咖啡。

吃過食物後，我走到小屋前。看到鹿頭已經被吃了一部份。鹿蹄與其他部位都不見了，地上的血跡也已經被洗掉了，或被蓋住了。盧碧拿著一把斧頭出來，朝屋側的一堆木柴走去，然後開始劈柴，完全不理會我。

我想起了在車廂中的交易毛毯與煙草。我拿出它們，走向盧碧，把東西遞給她。「盧碧，我從很遠的地方來。我知道我是個入侵者，不受歡迎。」

盧碧繼續砍柴。

「請接受這條毯子與煙草。我需要妳的幫助。我試著尋找一個婚禮籃。妳知不知道艾格妮斯．呼嘯麋鹿住在什麼地方？」

「是的，我知道。」她說，用膝蓋折斷一根木柴。接下毯子與香菸，把它們放在柴堆上後，才慢慢轉過身來看著我。「她住在九哩之外。她的小徑是朝東走。」她拿出一根香菸，點燃它。「除了步行，沒有其他方法可以到達。但是如果我是妳，我不會去，除非你與我的狗做了朋友。」

「妳的狗？」

「是的，保留區的動物非常凶猛狂野。牠們殺了至少一個男人，以及幾個小孩。大多數的時候，牠們是在別處狩獵。牠們成群結隊，能跑好幾哩路遠。我知道牠們殺了許多鹿，有時候牠們也會自相殘殺。沒有東西能擋住牠們。妳必須介紹妳自己，牠們必須認識妳，妳才能到四處漫遊。這些狗的危險性遠超出妳的想像。」

「我應該怎麼做？我要哄牠們，還是怎麼樣？」

「我會叫牠們來，妳必須一動也不動的站著。不要表現出任何恐懼，否則就完蛋了。如果妳做錯了一步，牠們衝向妳，我不相信妳能阻止牠們。」

「會不會真的發生什麼事？」

盧碧沒有回答。她只是尖銳地吹口哨，大約三十隻狗從四面八方聚攏過來，各種大小、各種形狀、各種顏色，在我們四周繞著。牠們發現沒有食物，其中一隻又黑又醜的大狗開始咆哮吠叫。然後所有的狗都開始吠叫，淌著口水。盧碧抱著一堆木柴進屋裡。「等一下！」我試著小聲地說。

我知道倘若任何一隻狗引起了連鎖反應，我就會被撕成碎片。我必須把恐懼推到我心中深處。牠們慢慢靠近，嗅著喘氣，越來越大膽。我克制住尖叫的衝動。有幾個冰冷的鼻子戳弄我的小腿，然後朝上，不止一隻鼻子對我的胯下特別感興趣。那隻大黑狗前爪搭到我身上，舔著我的臉，另一隻在我背上，還有其他隻啃著我的皮靴。我壓抑住逃跑的衝動。

盧碧只是走到前院觀看，什麼也沒做。

「滾開這裡，」她終於叫道。狗群驚慌地逃走。

「現在牠們認識妳了。」

眼淚刺痛我的眼睛，我的膝蓋搖晃著，現在這場折磨結束了，我全身顫抖。

「這些狗不會再打擾妳了——妳可以感到慶幸，」盧碧說，她的眼睛露出奇怪的笑意。「妳可以隨意在這鄉間漫遊了。若是不認識這些狗，妳就得冒極大的危險。現在妳可以去艾格妮斯的屋子了；在這之前妳完全沒有機會！」

我的手握著緊緊的，我發現我在阻礙血液循環。「是的。」我說。

「現在去吧，白皮膚。也許妳會找到妳要找的。拿著。」她遞給我三片肉乾，我接了下來。她笑著走開。「婚禮籃……白皮膚什麼都不懂！」

我傻傻地站在原地，握著肉乾，然後走回我的車子，拿出幾樣東西，準備出發去找艾格妮斯。

我從盧碧的小屋出發。九哩路其實不算遠，我把夾克綁在腰際，在背包裡又塞了一件運動衫。

草上仍有露水。我繞過盧碧屋後的岩石，走上小徑，眼前展開一片廣大寧靜的峽谷。草地鮮綠，幾棵樹帶著春天的氣息。小徑旁有一條溪流。我做了幾次伸展運動，鬆弛背上的緊張，以及設法忘掉狗群的存在。然後我開始在小徑上慢跑，很慢……幾乎跑到了峽谷盡頭，兩、三哩遠。我走了一哩，烏鴉從頭上飛過，然後我停在一個池塘邊，小溪在那裡變寬。我躺在一塊被太陽曬暖的平坦岩石上，吃了一塊肉乾，看著天上的白雲，感到昏昏欲睡。松鼠在附近的樹上玩耍，牠們的嘰喳聲點綴著這令人畏懼的寂靜。我深吸一口氣，很享受這真實的空氣，我能從我的舌頭感覺到它的清新。

我俯臥地上，用手指撥弄著我在水池中的倒影，細小的波紋擴散開。我一點也不知道我為何要如此執迷。自從第一次看到了那張照片後，那種模糊的感覺，一種混和了恐懼與期望的感覺，仍然存在。我知道我踏上了一個陌生的領域。我望著溫暖而引誘人的池水。

「有什麼不可以？」我需要洗個澡。

我脫下衣服，溜進了清澈的池塘中，坐在一塊有青苔的石塊上，水深及頸，我看著水面上反射光線的圖案。

我不知道我在那裡飄浮了多久，但是一股冷風驚醒了我，成群的烏雲遮住了太陽。我試著站起來時，腳卻在青苔上滑了一下。我抓住身後的岩石，感覺暈眩與茫然，只好在水中摸索著。這時候水面反映著天空，已經變得漆黑。我找到一個踏腳處，試著爬出了池塘，但是又滑了一下，身子朝前嘩啦撲倒在水中，我的臉撞上了岩石。鼻子開始流血。我掙扎爬了出來——暈眩地幾乎找不到衣服。我讓自己頭腦清醒，想把血從白色的運動衫上抹掉，結果留下一道紅色的血跡。我聽見遠處雷聲隆隆，天色越來越暗了。我開始慢慢跑起步來，試著節省我剩下的力氣。小徑通往一個小山丘，然後向上翻過一個高地，路程相當艱辛。

雷聲在頭上響起。我可以在烏雲間看到巨大的臉孔。我感覺到我的每一口氣，彷彿是別人在呼吸我。我覺得被人監視著。最後，我看見了牠們。一直在頭上飛舞的鵲鳥現在都棲息在小徑前方的一棵樹上，黑色的鳥眼睛注視著我的經過，牠們怪異而又具侵略性。但是我繼續努力，爬上了一個寬峽谷。雨水層層灑落在灰暗的遠處。一陣冷風由北方吹下懸崖，我把夾克的拉鍊拉到脖子，繼續慢跑。小徑越來越窄，最後消失了，我失望地坐在泥土中，用手捧著頭。

我的心臟狂跳，嘴巴乾澀。一隻烏鴉從頭上聒噪飛過，我被嚇得失魂落魄，但是在心中有某種東西催促我必須朝我的夢前進。我站起來弄清楚自己的位置，朝下看著峽谷，兩側是高高的懸崖，前方是一道開口，一條溪流貫穿中央。我想如果我是一條小徑，我就會繼續走下去。我生氣起來——盧碧明知道這條小徑沒有通往任何地方，但是她卻告訴我朝東走，而峽谷是朝東邊延伸。我開始橫跨青草濃密的谷底。

我跑過了峽谷，仍然有傾盆大雨的危險，山脈孤寂地籠罩在灰色中。然後，幾乎是不自覺的……我的腳感覺到了一條被使用過的小徑。感謝老天。開始飄起細雨了，我繼續跑著，上氣不接下氣，我的時間感已經消失了。我似乎靜止不動，但是我知道自己已經跑了超過八哩路了。

雨開始變大時，我跑到了一排白楊木與一些石頭處。我剎時止步，看見一棟木屋模糊地出現。那是艾格妮斯．呼嘯麋鹿的屋子嗎？管不了那麼多了，我是又累又濕又恐懼。那裡沒有生命的跡象，沒有動物或人。我一手拿著一枝大木棍，另一手抓著一塊石頭，只是以防萬一有盧碧所說的狗群，然後我慢慢接近小屋。我走上搖搖晃晃的前庭，敲敲門——沒人回答。我絕望地又敲了敲，這次門打開了。沒有人在裡面。角落有一張床，上面蓋著印地安毯子。圖案看起來似乎是很有名的設計，我發現自己在想著是否能買下這條毯子，以及這是否是艾格妮斯的小屋。

窗檻上有煤油燈。在一個木柴火爐旁的粗木櫃上有一個藍色的搪瓷洗臉盆。一束束的草藥掛在牆上。一塊塊的硬紙板釘在牆壁四處，做為隔熱禦寒之用——甚至有一塊可口可樂的金屬廣告招牌。在床的一端有一個簡陋的梳妝台，上面鋪著一塊墨西哥黑絨布，畫著一個西班牙的舞女。在旁邊掛著幾個鹿腳鈴及一對貓頭鷹的翅膀。我注意到房間中央的一張灰木桌上有兩顆蘋果，還有三張椅子。

我坐下來，狼吞虎嚥了一顆蘋果。雨水敲打在我頭上的鐵皮屋頂。我這輩子從來沒有一個人在荒野中。我關上前門——房間裡冷得要命。夜色漸漸入侵，啃噬掉我的勇氣。我踱著腳，製造聲音給自己聽，對自己說話，把煤油燈點亮，然後試著點燃火爐，但是沒有成功。我的身體完全沒有力氣了。我吃了掛在牆上的一些肉乾，然後在寒冷的絕望中，拿起了牆角的一個舊睡袋，把它攤開在床上。上面有油漬，還有藍色與粉紅色的米老鼠襯裡。我脫下了濕衣服，爬進睡袋裡，然後才發覺我非常想要尿尿。

咕噥著，我穿回衣服鞋子，猶疑地打開前門。一道閃電照亮了陽台，上面空曠曠的。我溜到外面，走下樓梯，冒著雨蹲在草地上，手抓著陽台的木頭以防萬一。然後趕緊回到屋內，關上前門，現在真的濕透了。我又脫了衣服，爬上床，渾身顫抖著熄了煤油燈。雨停了，現在又太安靜了。我直挺挺地躺在床上。

我不知道自己睡了多久，但是突然被搖醒了。有人正扯我的頭髮，抖我的肩膀，對我吼叫著。

「起來！時候到了。趕快起來！」

我睜開眼睛，抽了一口氣。在搖晃的燭火中，我看見一張臉像是融化的蠟。我甚至不確定這是否是一張人臉。我尖叫了起來，一隻手摀住了我的嘴。

「時候到了！」

我轉開我的臉，一時恢復不了平衡。「怎麼回事？」我問，「妳是艾格妮斯・呼嘯麋鹿嗎？」

「是的，妳在我的小屋裡。起來跟我走——就是現在！」

我掙扎地爬起來，套上我的夾克、牛仔褲，與靴子。艾格妮斯以令人驚訝的力量推我到門口。我差點跌倒。

「妳在幹什麼？」

艾格妮斯更用力推我。「我們要趕快！」

我身體僵硬的幾乎無法走路，但是我們在月光下離開了小屋，這個老婦人的行動像個年輕女孩，我們進入小屋後的岩石群中。那裡沒有路。我們爬上一些岩石，繞過一些有如鬼影般的峭壁。我滑了一跤，扭了我的腳踝，撞傷了我的膝蓋，但是艾格妮斯抓住我的手，拉著我向前。我們這樣瘋狂快步走了一定超過十五分鐘。

我們到達岩石中的一處空曠地。不到二十碼外有一個明亮的帳棚。裡面的火光透了出來，煙霧裊裊由尖端升起。那真是超現實。艾格妮斯抓我到入口。

「脫光！」她命令。

「什麼？」

「妳必須要光著身子去面對祖先們。」

艾格妮斯以難以置信的速度轉過身，把所有衣服都從我身上扯掉。我想要抗議，但是她打了我一巴掌。我的耳朵嗡嗡作響，恐懼地顫抖，昏頭轉向地被艾格妮斯推入帳棚裡。

六個披著毯子的印地安老婦人圍著火堆坐著。空氣中有一股強烈的煙味。在紅色的火光中，我看到她們的臉孔甚至要比艾格妮斯還老。在她們身後，一條條彩帶懸掛在帳棚柱子上——還有羽毛葫蘆與水牛頭骨。在四個女人前有土堆，上面插著祈禱的棍子。

「坐下。」艾格妮斯說，推我到地上。

她坐到我的右邊。我發著抖，抱著膝蓋，遮住我的胸部。

許多眼睛明亮地盯著我，火光所投射的陰影在帳棚上舞蹈著。我的頭腦中閃過中古世紀的女巫聚會。活像是從經典照片中跳出來的美麗古代印地安婦女就在我面前。但是她們都在嘲笑著我——帶著惡意瞪著我。

「妳為什麼要帶這個食人族來這裡，艾格妮斯？」其中　個老婦人以破碎的英語說。她的聲音很凶惡。我聽到了「食人族」這個字眼時跳了起來。

坐得最靠近我的那個女人握著一根長棍子或手杖，上面掛著羽毛。她開始用棍尖戳弄我，先是我的肩膀，然後是我的身側。另一個女人向前傾掐掐我。

「這個孩子要走婚禮籃的道路。」艾格妮斯說。

在這種可怕的刺探下，我動也不敢動。

「喝，」拿棍子的女人說，「妳為什麼花這麼久時間才來這裡？」當我轉身看著她時，一陣寒顫穿過了我。

「我來這裡只是要買一個婚禮籃，只要它是像我在照片中看到的那一個——如果不會太貴的話。」我結結巴巴地說。

「安靜，白癡。」艾格妮斯說。

「但是我只是要用婚禮籃來……」

「安靜！」艾格妮斯噓著我。「問妳話時才開口。」

「她還沒準備好。」拿棍子的女人說。她傾身對艾格妮斯耳語。其他的老婦人都點著頭。我覺得我是一個陰謀中的受害者。

「妳永遠無法教導她。」有人說。

這時我聽到一陣聲音，我只能描述為像是一群瘋狂鳥叫的聲音。老女人們一起全部開始斥責我——這太過分了。我知道我要發瘋了。

「拜託，我只是要看婚禮籃。」我認不出我自己的聲音。

拿棍子的女人冷冷地瞄著我。「我們會為妳祈禱。我們會為妳做夢。」她說。我完全聽不懂。

我感到天旋地轉，腳底一個不穩，我朝後跌倒。老女人的臉孔似乎變得年輕了，她們的眼睛像是鏡子。我在我的夢中看見過這個女孩。一隻鹿坐在旁邊那個老女人的位置，還有其他的動物——一隻狼，一隻山貓，以及一些我認不出的動物。帳棚變得一團模糊，我昏了過去。

第二天早上我很晚才醒來，聞到木柴火爐的氣味。這是不是另一個夢？有一會兒，我不知道自己在什麼地方。艾格妮斯正在煮茶。

「吃，」艾格妮斯說，「早餐準備好了。」

我站起來，穿上衣服，坐上餐桌。艾格妮斯帶來兩個錫餐盤，放在桌上。她坐在我對面。我在發抖，而且非常餓。在小屋的窗戶外，樹林反射著微弱的陽光，下著雨……我看看食物——鹿肉乾、黑草莓、烤麵包、還有熱茶——我盡情地享用。一切都很美味。

「昨晚發生了什麼事？我昏倒了嗎？我是怎麼回到這裡的？」我問艾格妮斯，現在我舒服多了。

「盡量吃。」她說，檢查著我的盤子。她離開桌子，坐在我剛才睡的床上。我注意到她撿起我的破夾克。

我讓熱茶的煙氣溫暖我的臉。桌上裝肉乾的紙盒上面都是乾血漬。但是我不在乎，太好吃了，我大吃特吃。

艾格妮斯正在縫我的夾克。我鼓起所有的意志與勇氣，問道，「妳要賣給我那個婚禮籃嗎？」

「妳不懂，琳恩，妳正處於很危險的情況中……」艾格妮斯手中不停地縫著，她看了我一眼，對我微笑。這是她第一次稱呼我的名字。

「那個籃子有什麼意義，我為什麼會如此執迷要找到這個鬼東西呢？」

艾格妮斯似乎很溫和親切。「妳不懂。」她咬斷線，打了結，把補好的夾克放在一旁。「如果妳不傾聽妳內在的女人，妳就會滅絕。也許有一天妳會得到婚禮籃，也許不會。但這是妳的選擇。妳必須下定決心。沒有人能替妳決定，甚至連祖先們也不行。」

她的話沒有一點道理，但是她的語氣很和藹。艾格妮斯一點也不像昨晚的那個魔鬼，我奇怪她是不是同一個人。她的耳光仍然在我臉上作痛。我知道我應該恨她羞辱我，但是我沒有。食物很可口，雨水打在鐵皮屋頂上的聲音也很令人舒慰。

「這是什麼意思，我的決定？妳到底在說什麼？我只是個藝術收藏家。」

「妳不知道妳是什麼人……」她說，「妳不知道為什麼妳會出生，或妳為什麼會是地球上有生命的一部份。妳以為我不知道妳，或有關妳的任何事。但是我可以說出一件妳曾經有過的經驗。我從來沒有看過這個世界上的大湖、大海。但是我可以告訴妳，有一天水席捲了妳。於是這個世界的子宮選擇了妳，給予妳保護。有一個力量的徵兆，一個從妳的大地之母的子宮所給妳的禮物，這就是為什麼那些做夢者接觸了妳。沒有辦法解釋為何選中妳。妳所能做的只是去瞭解……」

我立刻知道了她所指的事件。一天下午在加州的威尼斯，我沿著海邊散步，在岩石中攀爬，站在那裡觀看碧綠的大海。沒有特別的原因，海浪突然上升至少三十尺，朝我席捲而來，那裡只有我一個人。我抓住岩石，全身濕透地大笑著，直到救生員帶著擴音器叫所有的人都離開防波堤。

艾格妮斯又倒了一些茶。我們安靜地坐了幾分鐘，我的思緒翻騰。「婚禮籃是一種古老的女性之道。」她輕柔地說。

為了某種原因，我開始哭泣，然後抽咽地說，「那些凶惡的老女人——尤其是盧碧・眾酋。她叫我切那頭鹿。她拿著刀朝我而來的那副樣子，我以為她要刺向我，或把我砍成碎片。好可怕。從來沒有這種事會發生在我身上。這不公平。我恨那老太婆。」

「不需要恨她，」艾格妮斯阻止我說下去。「她不是要傷害妳，盧碧是個瞎子！」

「瞎子！」我仍然在哭，「不，她不可能是瞎子。我不相信。喔，我真抱歉……」

「不需要抱歉，」艾格妮斯堅定地說，「如果妳願意聽，我會談盧碧，但是妳要仔細聽。她的故事對妳有意義。」

「沒人能看出來她是瞎子——告訴我。」我擦拭眼淚。

「當盧碧十六歲時，她將要嫁給史特勞．倒後跑（Stuart Runs Backward），他是個好人，但那是好久以前，他現在已經死了。盧碧與祖父生活在一起，有一天她的祖父出去打獵，盧碧待在家中，她聽到一聲巨響，那是在汽車之前的年代，大家都坐馬車或騎馬，響聲越來越大，她朝窗外看，看見一輛無馬的鐵車，前端有煙冒出，有四個政府的土地測量員站在旁邊爭論。」

「其中一個來到小屋，敲著門。盧碧感到害怕。她以前從來沒有見過這麼多白人。他們穿著很滑稽，兩個人佩帶手槍。在門口的人不停叫著。他敲打得如此劇烈，最後門的皮帶斷了，門就被推開了。他看見盧碧站在窗邊，我猜想他很驚訝看到這個美麗的年輕女孩。也許他以為屋內住著一個老聾子。他過來抓住她的手臂，發出一些聽起來很可怕的聲音，盧碧不知道他在說什麼，但是那些聲音讓她感到羞愧。」

「其他三個男人進來看是什麼人在屋子裡，盧碧知道她真的有麻煩了，她知道這些白人要強暴她，她試著打破窗戶逃走。有人打了她，把她推到角落裡，其中一人是個大漢，他解下皮帶，繞住她的脖子，把她拖到床上……他們扯掉她的衣服，盧碧向他們懇求，他們沒有理會。她開始尖叫抵抗，掙脫了皮帶，而且抓起了一根木柴……那是一場激烈的戰鬥——我想那四個男人感到十分驚訝，而且火冒三丈，把她揍了一頓，但是他們仍不滿足，於是他們輪流強暴了她。」

「然後他們不知道是否應該殺了她。許多人說盧碧如果死了，也比後來她的遭遇要好。其中一個男人要給她錢，讓她不會把被強暴的事告訴別人。他們知道自己的行為不會有太大的後果，因為她是個印地安人，但是這會讓他們的白人家屬感到難為情。他們沒有勇氣殺她，所以就拿出他們製圖用的圓規。上面有一個尖端，他們想要確定她無法指認他們，這四個男人在離開之前，把盧碧弄瞎了。」

「當盧碧的祖父回到家，看到了發生的事後，他餵她喝湯，採集草藥醫治她。她很快就恢復了力氣，但是她只是坐在小屋裡為自己悲傷，拒絕學習照顧自己。她甚至要求祖父殺了她自己，但是他打了盧碧一頓，說他不容許她的自我放縱。祖父說她有一個獨特的敵人——她的盲眼。盧碧說她不在乎——她想要死。她的美麗被毀壞了，還有她追求快樂生活的機會。不過她算是幸運，因為她的祖父是一個巫醫，而且不很老。他學習了許久，有著非常強大的力量。」

「他看得出來，她的意志在沈睡，他必須喚醒她的心腸。祖父很溫和地行動，不過卻開始整她。他時常絆倒她，給她很燙手的器具，或在她盤子裡放不能吃的東西。他調侃她、激怒她，直到他看見她的心腸復活了。盧碧感覺受到傷害。她覺得祖父不再愛她了。」

「在那段時間中，他坐在月光下，唱著許多尋求指引的歌，好讓盧碧能完整。有一天晚上，祖父看見一隻母浣熊帶著小浣熊。這是送她到北方的徵兆，他一直在等待著的徵兆。於是盧碧去了。」

「北方的那些撒托族人（Sautoux）不知道關於白人的事。他們的力量沒有被拿走。他們的力量沒有被藏起來。還有著很強大的巫醫，他們的舞蹈仍然具有魔力。如我所說的，那是很久以前了。

「那裡有一個叫做四隻鹿的巫醫，甚至連撒托族人都畏懼他。他住在高山上，可以從山上眺望到自己的村落。他們說四隻鹿甚至具有起死回生的力量，他從看不見他的女人身上得到力量。連我都不知道這種醫藥巫術。所有的撒托人都要盧碧去爬那座山，但是沒有人願意陪她去。他們都太害怕四隻鹿了。她摔倒了許多次，身上都是擦撞碰傷。四隻鹿看著她，沒有發出聲音，但是她感覺到了他，被他吸引到了山上。當她爬上去後，四隻鹿笑了。盧碧問他，她必須做什麼。他說他只有一種方法能幫助她。她會永遠眼盲，但是他能夠使她完整，只要他殺了她，然後在她的死亡中實行他的巫術。那麼他就可以從看不見他的女人身上得到力量，回復她的生命。之後她必須要向撒托族的女人學習鹿的醫藥巫術。從此之後她必須喝鹿腳熬的湯，只能吃鹿肉。否則她就會死。

「四隻鹿建了一個平台，讓她躺在上面，拿出一根吹管，吹了一些毒藥到她耳朵中。盧碧就死了，她的靈魂飄到了剛死者的營地。四隻鹿開始他的治療，更新了她身體的某部份，叫出了看不見他的女人的力量來帶她的靈魂回來。這花了許多天。然後他放了一些盧碧說很冷的東西在她嘴裡，她醒了過來，從來沒有病得那麼重。她產生奇怪的痙攣。四隻鹿讓她使用痙攣所產生的能量來感覺所有的方向。他教導她控制那種能量。

「現在盧碧雖然瞎了，但是她比其他人看得見更多。四隻鹿帶她到暴力循環的中心，教導她安靜於自身當中。她能永遠看見，因為她永遠在那中心。他叫她先去找撒托族的女人，然後回去找她祖父，讓他的歌來教導她。盧碧是一個女巫醫了。她比所有人都要了解鹿的療癒巫術。四隻鹿與撒托族女人教導她一切。我希望她能傳授她的療癒巫術，因為有許多人需要。

「我說盧碧的故事，不是要取悅妳，而是要取信妳，」艾格妮斯繼續說，「我是一個女巫醫。我生活在世界之上，妳昨晚與我去過那裡。妳被帶引進入了一種如時光般古老的知識。做夢者碰觸了妳。有時候妳回過頭，但是什麼都沒看見。妳可以選擇盲目，或者妳可以跟隨妳的命運。」

艾格妮斯的臉充滿耐心。我開始慢慢明白，我被一種超過我能理解的力量所吸引。我開始把之前幾個月的事件連貫在一起。我癱在椅子上，沈重而無法動彈。我想這不是一種著魔的現象，但是所謂被選中，也意味著我的選擇。一次次的變遷，一次次的恐懼，我變得越來越執迷於自己的婚禮籃之夢。我不清楚是什麼控制了我，是我內在的追尋者，或者是那惡夢，這又有什麼重要呢？

艾格妮斯一定是感覺到我的認命，因為她露出微笑，點點頭。沒有說一個字，她開始清理桌子。我瞪著陳舊的木頭桌面與烤麵包的碎屑。我的生活就是在那些碎屑中，我知道它，但是一點也不關心。

艾格妮斯碰碰我的肩膀說，「來吧，妳要回加州。」

「我怎麼能回去？」我問，「我還沒有得到婚禮籃。我還不能回家。」

艾格妮斯穿上一件厚重的羊毛襯衫，堅定地把我的夾克遞給我。

「我們要去盧碧那裡，」她說，「我要送妳回家。」

她到她的櫃子裡拿了什麼東西，放在我面前的桌上。那是一個鹿角耳環，上面鑲著青玉。

「盧碧告訴我，如果妳出現了，就把這個耳環給妳。拿去——它是一種保護。」

「保護？我需要什麼保護？一個耳環怎麼能保護我？」

「戴上它，」她命令。「不要讓任何男人碰它，除非是一個男巫醫在他的女人時間中。」

我戴上耳環。艾格妮斯走出門外，我抓起我的袋子，追上去。

「女人生來就是懷孕的……」艾格妮斯說，我們並肩走著。「男人則必須被女人所孕育。有些男人透過植物或其他作法達到這種效果，這些秘密我現在還不能告訴妳。」

我們朝西走上小徑，艾格妮斯說，「在世界上有不同的力量。這些力量能輕易殺死妳，或使妳希望自己死掉。當妳決定要不顧那些力量得到婚禮籃，妳就需要勇氣與意志。這個耳環能幫助妳從妳的世界橫越到我的世界。」

艾格妮斯示意我走快一點。我如果不跑，就很難跟上她。

「過去在妳的世界中幫助妳的那些事物——妳的信用卡、車子、穿著的衣服——那些事物在這裡都不實際，無法幫助妳。」

空氣清新，帶著潮濕土地的歡迎芬芳。我們在沈默中走了約一哩路。那個在晚上發亮的帳棚影像一直困擾著我，還有那個老女人所說的「食人族」。

我終於問道，「昨晚，艾格妮斯，她們說『食人族』是什麼意思？」

艾格妮斯笑了。繼續地走著，她從她的羊毛襯衫口袋中拿出一片肉乾，塞進我的嘴裡。我咬了一口，雖然不餓，而且肉乾難以咀嚼。

我們來到小徑的盡頭，開始進入峽谷。花朵在雨後盛開，色彩鮮豔，在微風中搖曳。

「昨晚妳見到了祖先們，」她說，她們來找我，因為妳被做夢者所選出來。祖先們在幫助我教導妳。妳來到了對妳而言是個奇怪的世界。有許多事是妳不瞭解的。」

艾格妮斯突然止步。她蹲在一團花前，舉起一朵藍色的花。我靠過去觀看。

「當妳能與植物談話，」她說，「當妳知道植物是活的，有靈魂，妳吃下植物後，植物就給予了妳。妳就有了植物靈魂的力量。」她拿起花，吃了它。「我正在看妳，我知道妳不懂我所說的。」

我緊張地咬了一口鹿肉乾。

「妳現在所吃的肉，是妳的姊妹的。我們吃我們的兄弟姊妹。妳是個食人族。妳的姊妹死去，好讓妳能有生命。」

我瞭解地點點頭，我們又出發了。峽谷中充滿了鳥、野狗、還有蝴蝶，生氣勃勃。

「是的，」我說，「我想我有點瞭解妳說人類是食人族。但是我不瞭解為什麼要羞辱我。我的意思是，妳把我衣服脫光，在那些老女人面前——在那些祖先們面前。」我更正自己。

「要開始踏上女人的紅色覺醒之路，妳必須要赤裸裸的，在每一方面。」艾格妮斯說。

我們繞過峽谷的邊緣，看見遠處有河流與池塘。我看著纍纍巨石，再次感覺那池塘是多麼美麗。

艾格妮斯突然問，語氣有些改變，「妳是個女人嗎？」

「是的。」

「當妳赤裸時，妳是女人嗎？」

「是啊。」我回答。

「妳有陰道嗎？」

「有！」

我無法想像她這一連串問題的用意。

「妳有月經嗎？」

「有啊！」

「我們並不知道！在原始的世界裡，它被稱為妳的月亮。它是妳最有力量的時間。昨晚我們必須要確定。」

我滿臉通紅。我們沈默地走到水邊的平坦石頭。我很高興能休息。我們吃了些肉乾，喝了些溪水。我靠在岩石上，感覺滿足睏倦，我閉上眼睛，打了個呵欠。

突然有一聲巨響，像是一記槍聲。

「醒來！」艾格妮斯對我吼著。我跳起來轉了一圈。

「妳怎麼知道我不會殺妳？」她問，把雙手中的兩塊石頭丟在地上。她很凶惡，看起來比先前龐大。

「坐下，」她說，指著地上。「現在我們可以談婚禮籃了。妳應該要知道一些事情，妳才知道自己在面對什麼。」

「有一次有個男人來這裡——只是一個男人。他的名字是皮爾生神父。他說他知道兩種看見的一切。他能夠向上看見與聽見好神靈。而在大地之母的深處是壞神靈。他拿著十字交叉的木頭，說我們是不平衡的。他說如果我們不往上看，好神靈會殺了我們。那時候，大家都覺得這十分滑稽。」

「雙胞胎土狼（Twin Coyotes）同情他，決定要教導他。他讓他看了在每個人醫藥巫術包裹裡的東西，但是每當雙胞胎土狼要教他關於女人的時候，教士就變得非常生氣。雙胞胎土狼告訴他，如果他真的想要學習使用力量，就要向我學習。他不喜歡這樣，但是他很聰明，願意傾聽。任何男巫醫背後都會有一個女巫醫。若是沒有藥女，就不會有男巫。一個男巫醫的力量是來自於一個女人，總是如此。男巫醫像是一隻狗。他只是女人的一樣工具。現在情況似乎不再是如此，但這是千真萬確的。」

「那教士來找我，由於雙胞胎土狼是我的朋友，所以我收了教士為學生。他很聰明，學得很快。我知道他愛上了我——男人時常這樣。我不愛這個白人，甚至不喜歡他。但是我看見他越來越有力量了。」

「有一天他坦白了他對我的愛，想要佔有我。他要我的力量，但是我不給他。我告訴他，他必須找另一個有力量的女人。當時我們的族人根本不知道什麼是嫉妒，但是我看見他的眼睛變成了憎恨。恨意是我所瞭解的力量，我決定要使他終生帶著這種滋味在嘴裡。恨意嚐起來像是燒焦的玉米。當恨意隨著智慧而成長時，幾乎沒有辦法可以阻止這種力量。」

「我要他開始戴一個面具，直到我們的師生關係結束。我們可以用面具來抑制感情——任何巫醫都知道這個道理。簡單的像是在臉上戴一根骨針，妳就會非常快樂，充滿了愛——這也是一個面具，但是這個人戴的面具是去抑制恨意。」

「他學得就像任何人一樣多。他知道當地人的世界，就像任何人一樣，他能做任何他想做的事。妳不會瞭解的，但是他是由力量所造成的。我讓他知道所有成為巫醫的一切，但是他對療癒不感興趣。他學到了知識，反而成為一個有力量的巫士。他漸漸學到了一切，現在他就像世上任何魔術師一樣厲害。他脫下他的法衣，取了個名字，學習如何躲藏。他的名字是追——蹤——路——徑——的——人，或偽裝的路徑。有人說他的名字是火狗，或火軍人。我們認識他的人都叫他紅狗。」

「我曾經是婚禮籃的看守者。它是由許多女人的夢所織成，由編織者與做夢者所努力創造的。它非常美麗，對所有女人都很神聖。有一天當我與雙胞胎土狼會面時，這個紅狗發現了婚禮籃。我沒有料到他會偷它，但是他偷走了它。他必須為他自己找到一些東西，能夠用來作為他的力量贈予女人，所以他就偷了籃子。它要比任何單獨的女人都有力量。」

「我不能給妳婚禮籃。妳必須從紅狗手上偷回來，我想不出有什麼事是更危險的。我願意教妳如何偷它，因為他無法傷害我。但是他可以輕易殺了妳，而且他總是非常地警覺。要偷很不容易，但是如果妳很勇敢，妳也許能夠做到。我無法自己去偷回來，因為這是做夢者的規矩。我希望妳願意去做。」

「偷東西！我偷不了任何東西。」我很正直地說。

艾格妮斯凶惡地瞪著我。

「我這輩子從未偷過任何東西。」我撒謊說。

「我只對妳的能力感興趣，而不是妳的道德。如果妳要婚禮籃，妳就必須學習如何偷竊。」

Part 4

沒有人能夠一天二十四小時都是巫士。你要怎麼活下去？

——*帕布羅・畢卡索*

宏比（Holmby）公園在早晨七點時是空曠無人的，除了幾個慢跑者及幾個溜狗的老先生。我摸摸我的腳，深吸幾口氣，開始在小徑上慢跑起來。草地潮濕芬芳，噴水器所灑的水珠晶瑩剔透。我看著樹木與公園四周的豪華住宅，上次我慢跑是在加拿大，那裡沒有林蔭大道——只有加拿大空曠的草原。

艾格妮斯曾經要我仔細考慮要不要再回去加拿大。我將會在那裡待上幾個禮拜，也許幾個月，或者也許我永遠不會離開艾格妮斯，也許我會死在那裡。她會教導我如何偷婚禮籃，如果我選擇成為一個學徒。但是在洛杉磯，我產生了各種可以想像得到的阻礙——恐懼、懶惰、以及我內心的懷疑。我一直想著，不用急，永遠有時間。我繞著公園南端跑步，能重新開始我的慢跑習慣是很好的。

等到我回到家時，我全身是汗，累得要命。沖過澡後我穿上浴袍，梳著我的頭髮，心裡想的都是婚禮籃與醜陋的老女人。

我走到臥室，穿上白色洋裝與高跟鞋，我想要活動，逃避我的思想。我胡思亂想地開車到小酒吧，去見我的好友卡羅蘭。

「好啊，妳看起來心情很好，」卡羅蘭說。我們的友誼總有一種無所顧忌的氣氛。看到卡羅蘭很讓我安心。

「我處於一種狀態中。」我說。

「嗯？」

「我也許要去加拿大，去看我告訴過妳的那個女巫醫一兩天。等著看看……我只能告訴妳這些。我只是快要瘋了，如此而已。」

「妳做過一些奇怪的事，但是去加拿大，與獵人頭的土著或什麼的生活在一起，這有點太過分了。」

我茫然瞪著卡羅蘭，啜一口我的馬丁尼酒。嘴唇有些刺痛，但是感覺恰到好處——又毒又美味。我立刻就醉了。

酒吧裡都是優雅的人們。雕花玻璃與光亮的銅管隔著一排排的桌子，每張桌子上面放著鮮豔的花朵。鏡子牆反映著無數張美麗微笑的臉龐，很正常也很模糊。我強迫自己坐直在紅色的椅子上。

我們的煮鮭魚來了。我從一只銀壺中倒出佐醬汁，想起了那沾滿血的紙箱。

「妳怎麼了？」卡羅蘭問。

「卡羅蘭，妳願不願意與我一起去加拿大？」我開玩笑問，「那裡不是里約熱內盧，但是我們可以住在我知道的一間有趣的小木屋中。服務不怎麼樣，不過很清靜。」

她又點了一杯酒。「有沒有很帥的男人？」

「喔，有的，一大堆條件很好的單身漢，」我說，想到那兩個看我換輪胎的印地安人。

「我想我還是去夏威夷比較好，謝了。加拿大似乎有點不太合我的胃口。」

「我又做了很可怕的夢。」我說，改變了話題。

「我不感到驚訝，妳這個傻瓜。去跟野人鬼混，妳又能期待什麼呢？」

「他們不是野人。他們只是有著不同生活方式的人。」

「的確是不同，在半夜把妳叫起來嚇得半死。真是的！然後又要妳去偷東西。」

「但是沒有其他辦法可以得到那個婚禮籃……」我說，希望得到支持。「況且，那也不是真的偷東西，那是一種教導的方式。」

「管它教導或什麼！妳難道沒有足夠的籃子嗎？收集古董裹腰布如何——換換新東西？」

我們從餐館去博物館看新的非洲展覽，在關門前一個小時進去，來到阿曼森迴廊。我在那個安靜的房間裡感覺很好，環繞著象牙海岸來的面具。

「看看這個。」卡羅蘭說。

我看著一個年輕女人的平靜面具，是奈及利亞伊布人的秘密統治團體幕烏（Mmwo）所用的。這個面具很有力量，髮型幾乎是埃及人的形式。眼睛似乎是瞎的，沒有正常的視覺。

尼日三角洲伊布人的一個雕刻，是一個戰士騎在一隻有鱗有甲的怪物身上，拿著一個響器與酒杯。他騎的怪獸是他自己殺戮能力的表現，他右手拿著響器。我想起在奈及利亞西南部，有許多族群崇拜著右手，因為右手象徵著身為戰士的能力。但是我也記得了掛在艾格妮斯牆上的響器。

我發現我在想像著紅狗的模樣。這些原始的怪物形象一定是發源於如此的思想。我希望自己永遠不會見到他本人。

在出口處，是我喜愛的一個雕刻。一把扇子的把手是一個坐著的神祉，象徵著兩個神靈分享著同一個身體。我輕撫著已經被摸光滑的木頭。

「妳對這個有沒有感覺？」我問卡羅蘭。

「沒有，但是我知道妳會有。」

我和卡羅蘭都笑了。「我們回家吧。」倆人同時說。

稍晚，在家中，我縮在壁爐前，與我的狗可奈在一起，還有彼得・麥錫生的書『雪豹』。房間舒適溫暖，我累壞了。

我坐著凝視壁爐的火焰。摸著電話，希望自己能打電話給艾格妮斯。但是如果我想跟她說話，我必須到曼尼托巴去。

我看著放在爐罩上面的卡親那（katchina）娃娃。這個世界是二元的——所有物質的事物都有相對的精神層次，這是這些卡親那娃娃所象徵的。火焰似乎暫時喚醒了它們，它們的靈魂活了，它們的羽毛與鮮豔的顏色提醒我另外一個神秘的世界。我看著它們，記得畢卡索曾經被非洲的神奇雕刻所影響，我拿出一本書，翻開我記得的一段：

我瞭解了這些雕刻對黑人的意義。他們為什麼要這樣雕刻，而不是其他方式。畢竟，他們不是立體派的——立體派當時還不存在！當然，有些人做出了原型，其他人就模仿他們——這不是傳統嗎？但是所有這些東西都有同樣的目的。它們是武器——使人不至於被精靈所統治，幫助他們得到自由。工具而已。『亞維濃的女人』（畢卡索的畫作）一定是來自於那一天，不是因為型態，而是因為它是我第一幅驅邪的畫作！這就是為什麼之後我畫了更多早期的畫，『奧加的肖像』，其他的肖像——沒有人能夠一天二十四小時都是巫士！你要怎麼活下去？

稍後，在床上，我躺著看月光從玻璃窗照進來，傾聽著貓頭鷹熟悉的叫聲。一股涼風吹進來，我漸漸不省人事。然後一種奇怪的感覺驚醒了我，我腦中或我耳朵裡的一種響聲變成了呼嘯聲。我明白婚禮籃正在攻擊我——我無法動彈。籃子裡都是烏鴉，拍打著翅膀，晶亮的眼睛瞪著我，鼓譟不休。籃子從上面朝我壓下來，然後它停住了，我幾乎可以碰得到它，從它之中出現了一個巨大的卡親那娃娃臉孔。他有閃亮的眼睛，嘴唇下垂，身體塗著狂野的色彩。我尖叫醒來，這時電話響了。

「喂，」我沙啞地回答。

「嘿，琳恩，我是荷耶梅約斯特・巨風。」

「喔，嗨。等一下，我真高興是你。我又做了一個可怕的惡夢。」

「說給我聽聽。」他愉快地說。

我坐起來，打開燈，告訴了他。

「妳要去加拿大嗎？」他問。

在我的胃裡有一個結。可奈跳上床，緊張地靠著我，牠的身體在顫抖。

「我還不知道。但是我的夢怎麼樣？」

「我正在新墨西哥州處理事情，」荷耶梅約斯特說，沒有理會我的問題。「但是我一直在想妳，現在我知道為什麼了。妳要瞭解，做夢者選擇了妳。記得當我畫地圖時，我給妳的那塊狼皮嗎？以後睡覺時都要帶著它，因為有其他的力量要傷害妳。那塊狼皮會保護妳。身為一個女獵人，妳也同時是獵物。妳必須要瞭解，意志沒有什麼神秘。它很簡單。意志夢恢復平衡，打破頭蓋骨。妳的夢境影像或妳的痛苦只不過是妳意志的失敗。我必須要走了。我留妳在創造力的鏡子裡，去碰觸世界的圓圈。」他掛了電話。

我看著話筒，對這通電話的唐突感到惱怒。荷耶梅約斯特在說什麼——意志？我的意志失敗？對什麼的意志？我拿出筆記本，寫下他的話。等到寫完後，我知道了他的意思。在我內心有一種模糊的火花，想要點燃起來，但是仍然太微弱了。我知道我的意志不知如何得到了滋養，它開始控制與推動我進入一個奇怪的命運。我知道自己正接近一個黑暗的深淵，我準備要跳進不可思議的深處。我哭著直到我又睡著了。

第二天早上，我腫著眼睛醒來，把那一小塊狼皮放在我所收藏的一個舊皮革巫醫袋中。我把皮袋放在我的床邊小桌上。

在下午四點十分，伊凡與亞瑟宴會中的喬治和潘蜜拉・漢姆德來我這裡看伊凡所謂的「比佛利山莊小帳棚」。我花了很長時間向他們展示我的藝術收藏。當我們一件一件觀看時，我說了我在加拿大的經驗——我忍不住不說。漢姆德夫婦客氣地聆聽，但是伊凡似乎在冷笑。

我們到陽台上喝茶吃餅乾。九重葛攀爬在我們頭上，藍天襯托著鮮紅的色彩。

「為什麼要偷一個籃子，琳恩？」伊凡問。他咬了一口餅乾。「為什麼不像其他女人一樣偷食譜就好？」他很快說，「這些餅乾真可口。」

我說，「我希望你被嗆到。」

喬治與潘蜜拉笑了。

「妳絕無法把籃子從我的銀行中偷出來，」喬治自大地說，「妳在那裡認識的人很有問題，妳要知道。妳會失去它的。有人也許會把它偷回來。」

我聽見自己說，「也許是追尋與挑戰使我感興趣——雖然艾格妮斯說我可能會送命。」

「妳真的會有生命危險？」潘蜜拉難以置信地問。

「艾格妮斯是這麼說的。」

「這樣的話，忘了它。我的意思是，它只是個籃子。」潘蜜拉啜飲著她的茶。

「也許我是在某種符咒影響之下，但是我真的是很著迷。況且，它不只是個籃子。」

「妳為什麼不去加拿大學習那女人要妳去做的就好？」伊凡問，「我會一起去，看看這個所謂的女巫醫是不是個江湖郎中——這樣如何？」

「唔，我不知道怎麼辦。艾格妮斯強調沒有人能跟我來。」

「她是個騙子，琳恩。」伊凡說，帶著決斷的語調。

我們閒聊著一會兒，喝完了茶，道別了。我看著他們駕車離去，之後一個人獨處，我讀了一本有快樂結局的書。

那天晚上我開車去芬米利亞義大利餐廳，與阿諾．舒爾曼共進晚餐。空氣沁涼，帶著晚上才開放的濃郁茉莉花香。

芬米利亞餐廳通常都是有趣地擁擠，而且他們容許我長時間地用餐與談話。聽起來我似乎一直在進食，但是事實上這是在洛杉磯與人交往的最好方式。在羅馬或巴黎，你可以走在街上，仍然合乎潮流。但是在洛杉磯則不然。

「好一陣子了，」我們入座後，我對阿諾說，「你近來如何？」

阿諾微笑說，「事實上我才剛從秘魯的叢林回來。聽起來很怪異，但是我去秘魯尋找一種迷幻草藥，叫做阿亞胡卡（ayahuasca）。印地安人稱它為死亡之藤，威廉·柏洛茲（William Burroughs，美國名作家）稱它為『最終的毒品』。我找到一個印地安嚮導，來到亞馬遜去找我聽說過的一個巫醫，雖然人家告訴我幾乎不可能找到他，更別說向他學習了。我們披荊斬棘地進入了叢林，被蚊子咬，熱得幾乎要脫水。最後我們找到了他居住的村落——茅草屋，大約有六七間。我們到達時，所有的人都去打獵，只有他一個人。他就坐在他的柱子平台上，戴著一頂棒球帽，穿著夏威夷衫，對我們微笑。」

「你一定樂壞了。」

「我真的樂壞了。他看起來像是個印地安的嬉皮。很老，瘦巴巴的。」

「當人們服食阿亞胡卡時，會靈魂出竅。當他們離開了肉體時，巫醫就觀察他們，看他們哪裡有問題，然後醫治他們。我很希望參加這種儀式。」

「你做了什麼？」

「我透過嚮導與那人談話，他決定我可以在他的平台上食用死亡之藤，我坐在他對面。他非常嚴肅。這時候天已經黑了。」

「你害怕嗎？」

「當然。但是當我回來之後，發現阿亞胡卡要比迷幻藥強五十倍，那時候我才真的嚇到了。」

「我也這麼聽說，但是差別在於醫療的性質。是不是？」

「它如果殺不了你，就能治療你，他們這麼說。」

我們都笑了。「阿諾，聽起來很吸引人。接下來發生了什麼？」

「嗯，首先我給他一瓶酒，及其他一些小東西，然後我們坐在一個臨時的神龕之前。在黑暗中看不清楚什麼。只有一支蠟燭在燃燒。我看到一尊聖母像，雕刻的器物，羽毛，用帶子綁的小包裹。有一個空心的葫蘆放在架子上，老人開始對它吟唱。最後他伸手進去一個打磨光滑的椰子殼裡撈了一點裡面的東西，遞給我。聞起來嚐起來像是嘔吐的東西。我強迫自己喝下去，把杯子還給他，他也喝了。他說這只會持續六到七小時，但是到第二天太陽出來時，我仍然在飛行，我知道我有麻煩了……」

阿諾在笑，但是我沒有笑。「你學到了什麼？」我問。

「我所學到的事實上是經驗，很難以解釋。我以驚人的速度飛越人們的生活——

我認識的人。我可以看見他們在日常生活中的互動與例行公事。我覺得我在某種重要的空間中看見了他們，彷彿我們的日常現實是虛假的。」

我們沈默了一會兒。

「阿諾，你這麼做不是為了寫劇本吧，是不是？」

阿諾折著他的餐巾，給我一個頑皮的笑容。

「不是。」

「但是你為什麼要冒生命的危險？你有了一切。你一年差不多賺幾兆億的錢。你甚至很快樂。」

阿諾沈思了一會兒。「也許就像尼采說的，『沒有摧毀我的使我堅強。』」

阿諾沈默了一會兒，然後期待地看著我。「好吧，讓我們談談妳的經驗。妳的眼睛看起來有點『詭異』。」

我喝了一口酒，想了一會兒。與吃迷幻藥神遊了一段時間比較起來，我在加拿大的經歷似乎就沒有什麼了不起的。

「現在我可以談它，我卻不知道要從何開始。我一直重複做一個夢，是我與一個叫艾格妮斯的女巫醫所遭遇的經過。我覺得有點昏頭轉向。」

我開始告訴阿諾部份的故事，以及婚禮籃如何成為了我的執迷。聽起來像個惡夢。「到現在為止，我唯一可以展示的東西是一個耳環。我留在家裡，但是哪一天我會給你看的。我希望你不會覺得這一切都太荒謬了，阿諾？」

「別這樣，琳恩。除了追尋之外，我們又能做什麼呢？」

「我想你說得對。」

「但是有些事情我還是不明白。婚禮籃是什麼？它有什麼意義？」

「嗯，我只能告訴你艾格妮斯所說的。」我望著阿諾身後的鏡子，看到我自己挫折的樣子。「艾格妮斯告訴我，婚禮籃是由做夢者所織成，象徵著無可描述的虛空——女人的子宮。一切事物都是誕生於女人之中，這是律法，即使是男人所發明的事物。所有的星星都是誕生於虛空，而這虛空就是女人。造物者發明了男性來平衡這虛空。它說，我要放一個男人在她之中。在一個男人之中是女性的繆斯。艾格妮斯說男人拿走了那虛空，說是他們的，那就是我們的大地之母目前的狀況，處於一種極度的不平衡中。」

阿諾凝視著我。「這個籃子是真的，還是個譬喻？」

「哦，如我告訴你的，我看過一張照片。那籃子是個事實。不是譬喻。」

「我能與你去加拿大嗎？我很想見見妳的女巫醫。」

「但願你能去。如果你在那裡，我就不會那麼害怕了。」

「有什麼理由我不能去嗎？」

「她告訴我，教誨是神聖的，我不能帶任何人去。」

阿諾不確定地看著我，喝了一口咖啡。他放下杯子。「我寧願去面對艾格妮斯與死亡之藤，也不願意去面對大多數我所知道的製片老闆。」

我們都笑了。談話中斷了一會兒。我深吸一口氣說，「阿諾，這些夢讓我非常害怕。我必須放棄這一切可怕的事，我不知道該怎麼做。我快精神分裂了。如果我去艾格妮斯那裡，我怕我所熟悉的生活就會結束了。我在這裡還有各種事情要做。我在紐約馬上就要有一次大拍賣，有許多人依靠我。我無法一時衝動就放下一切，去追隨一個執迷。」我抓起了杯子，喝了一口。

阿諾看起來很驚訝。「琳恩，妳不能放過這個機會。妳的夢是信號。不要傻了，想想妳所說的。拍賣，人們要依靠妳？妳自己的恐懼——這不才是妳真正要面對的幽靈嗎？」

我感覺眼淚開始湧出。「它可能會殺了我，阿諾。」

「那又怎麼樣？妳必須面對它。到另一邊去。妳一定要去加拿大。妳知道的。」

我不能這樣就承認阿諾是對的。「不，我不知道。」

阿諾伸手摸我的手。「看，難道妳不明白這是多麼不可思議？妳得到了一個不可思議的禮物。不要質疑它。看看周圍這些人——好萊塢的菁英。」

我瞄了一下周圍的群眾。在芬米利亞餐廳的諂媚氣氛下，用餐的人的確看起來很詳和。

「他們在生命中到底真正完成了什麼？」阿諾問，捏捏我的手，微笑說，「妳又在妳的生命中完成了什麼？但是現在妳有了一次機會。如果妳夠幸運，能夠跌入命運的坑洞中，該死，妳就隨著它去，看它要帶妳到什麼地方。」

「阿諾，我以為你希望我活下去。」

「不是活下去，而是真正的生活。妳必須去弄清楚妳的執迷到底有什麼意義！」他說，「我打賭妳會發現那個婚禮籃能拯救妳。」

「希望如此。」

「明天就去訂機票，」阿諾在我們離去時說，「我等不及要聽發生了什麼。等妳回來後馬上告訴我——如果妳能回來。」

「謝了，阿諾。」我說，笑著親吻他道晚安。

我在開車時考慮著回家後要不要訂機票。但是當我的車子到達比佛利大道時，我開始想起自己被艾格妮斯與盧碧耍弄的經過。會不會我只是另一個被騙的傻瓜。回到家後，我坐在起居室中思索著這一切。我發現自己戴著那個鹿角玉石的耳環。難道我心不在焉到不記得回家後戴上了耳環？我摘下耳環，仔細研究它。它是這個夢中唯一實質的一部份。

我很快洗過澡後，躺在床上，故意把耳環留在浴室的洗手台上。我開著燈睡覺，夢見了婚禮籃。我正朝它走去，但是當我到達時，艾格妮斯站在那裡。

「現在妳必須來了。時候到了。」

「是的。」我毫不遲疑地回答。

她的形象消失了，我平靜地睡去。

在早晨時，耳環又回到我耳朵上——壓進我的臉頰，使我醒來。這次我知道有不尋常的事正在發生。我回想著夢境，看著手中的耳環。艾格妮斯曾說這是一座橋樑，從我的世界通往她的世界。

我拿起電話，訂了機位，立刻飛到加拿大，回到艾格妮斯那裡。

Part 5

一切事物都是誕生於女人之中，這是律法，即使是男人所發明的事物。

——艾格妮斯·呼嘯麋鹿

看到可羅里讓我很愉快。我停車在雜貨店前，熄了火，下車，關上車門。三個黑髮圓臉克利族小孩瞪著我一會兒，然後朝河邊跑去。

「趕快！趕快！」他們叫道。

在對街，幾個老人坐在郵局的長椅上。他們用手語相互溝通——我想我是什麼笑話中的主角。我假裝不在意，推開了嘎嘎作響的紗門。佈告欄上的紙張被風吹著，我面對著一排排便宜的食物與工具。

店主在櫃檯收銀機後面，他雙臂交叉在繡花的襯衫胸前。他緊張地動了動，吐了口煙草汁。

「鮪魚罐頭在哪裡？」

「在那裡。」他指著店後面。

我在店裡搜括著雜貨——花生醬、麵包、果醬、等等……。

「上次妳來這裡時找到了老盧碧？」他問，我正看著一罐蘋果汁。

「是的，我找到了她。」

他面無表情，又吐了一口煙草汁。「我希望妳知道自己在做什麼。」

「我知道。」

「我真的希望如此。」他傾身向前，把手肘靠在櫃檯上。「我不想要嚇妳，但是你得很小心。有些女孩去了那裡——我說的不只是白人女孩——也有印地安人——她們都嚇破了膽。你想她們知道在做什麼，但是下次再看到她們時，她們看起來像是死人。這不是第一次發生了。與盧碧這樣的女人鬼混是很冒險的。」

「我不是與盧碧鬼混。這次我來看的女人叫艾格妮斯。」

那人變得面無血色，顯然被他的煙草汁嗆到了。「艾格妮斯．呼嘯麋鹿？」

「是的。」

他突然看起來很害怕。「妳認識她？」

「是的。」

他直直站起來，一副很抱歉的表情。「拿著這個。」他說，舉起一條香菸。「我只是在開盧碧的玩笑。」

我被他的舉止改變弄得目瞪口呆。光是提到艾格妮斯的名字就讓這個中年印地安人恐慌起來。他繞過櫃檯走出來，拿著那條香菸。

「收下這條香菸，」他大聲說，把香菸塞進我手中。

「我……我不抽煙。」我結結巴巴說。

「喔，沒關係。還是收下吧——好嗎？」他似乎很堅持，試著擠出微笑。

「謝謝你。」我說，有點不高興。這條香菸對我一點用也沒有。然後我記得了荷耶梅約斯特．巨風曾說煙草對美洲原住民是神聖的。我把香菸與其他雜貨放在一起，店主回到櫃檯後方。

我把一袋袋雜貨放進車廂，上了車，開始駛上公路。我慢慢地開車，看著結構簡單的房屋、老車子、破舊的建築。

在前方，我看見兩個男人走在路旁，就是我上次換輪胎時的那兩個。我停在他們旁邊，搖下車窗。

「要搭便車嗎？」我問，「記得我吧？」

「當然，我們記得妳。」高的那個笑著說。他們上了車，舒適地坐進後座。他們似乎在等著我來當他們的司機。

「你們叫什麼名字？」我問。

「班（Ben）與小鼓（Drum）。」高的那一個說。

「班與小鼓，嗯？我似乎總是會碰到你們。」

一陣沈默。

「你們兩個上次不肯幫我換輪胎，真讓我生氣。」

更長的沈默。班與小鼓不是很健談。

「你們近來如何？」我問。

「還好。」小鼓說。

又是一陣不自在的沈默，我開始欣賞起風景，深吸一口氣，放鬆下來。

小鼓靠近前座，低聲說，「琳恩，停車。」

「什麼？」我說，踩下煞車。「嗯？」

「看著我，」他說，「看我。」他把手放在嘴下，彷彿要吹沙子到我臉上。「我正在注視著一個女神的臉孔。」

「你到底在說什麼？」

「我從來沒有看過如此非凡的美麗。」他說。他的眼睛發出奇怪的光芒，言語彷彿對我吹襲而來。他不是在挑逗我——他的表情空白。他開始有節奏地說話，聽起來很熟悉。

「這不是克利語，琳恩。我是在說一種遠古的言語。把妳的眼睛集中在我的言語上。」

有一次，當我八歲時，我看見一個人在寵物店中餵老鼠給一條蛇。小老鼠在蛇攻擊的那一剎那完全凍結了，它明白並且臣服於它的死亡。小鼓無法言喻的言語就是這個謎的解答，現在，我也在臣服於我的死亡。

我用盡一切意志力掙脫這種狀態。我開始尖叫。

「請停止!停止！」

「停止什麼？」小鼓問。他的眼神變了。

「綠燈了，小姐。」班說。

我顫抖著。邊發抖邊繼續開車。小鼓坐在後座，不理會我。

「妳要去哪裡？」班問。

我仍然試著清理我的思緒。「去找艾格妮斯·呼嘯麋鹿。我要把車子留在盧碧·眾酋的小屋，然後走路去。」

班與小鼓發出嘲弄的笑聲。

「不，妳不用！」班說，「有一條捷徑直通呼嘯麋鹿的屋子。」

「在哪裡?艾格妮斯從來沒有告訴我有一條捷徑。」

小鼓向前傾，手肘靠在椅背上。「當然，她不會告訴妳。她不會讓妳平安的。她是個巫婆。所有人都知道。」

「路就在那裡，」班指著說，「只要向左轉，它會帶妳到離她小屋一百碼的地方。」

「她沒有提過這條路……」

「那個老太婆！」小鼓說，仍然靠在椅背上。「像妳這樣的人不屬於那種地方。妳到底從哪裡來的？」

「比佛利山莊，加利佛尼亞州。」

小鼓笑了。「是不是有很多電影明星住在那裡？」

「有一些。」

「妳是個電影明星嗎？」班問。

「不是。」

小鼓靠回後座。「我們覺得妳應該回家。」

「為什麼？」

「唔，上次最後一個去那裡的白人女孩被發現綁在一座蟻丘上。」

「很好笑。」我說。

「停車。我們要在那條岔路下車。」

我停了車。班與小鼓下了車。小鼓站在車外不動。

「我們就住在那條路下面，」他說，「如果妳需要任何幫助或東西，過來找我們。我們會為妳修理老艾格妮斯。」

班笑著。「是啊，我們會好好修理她。」

「嗯，謝謝。」我說，「如果她真的是一個巫婆，我會馬上過來。」

「我們為一個白人工作，」小鼓說，「他很聰明。妳應該去見他。他喜歡漂亮的女人。」他關上車門。「她們也喜歡他。」他又補充說。

「回頭見。」班叫道，「不要買任何木頭水牛。」

他們一起走下通往遠處山脈的小路。我坐在那裡幾分鐘，引擎轉著，我的肚子裡有一種奇怪的感覺。我試著弄清楚發生了什麼事。某個眼神瘋狂的印地安人突然胡言亂語起來，而我卻幾乎昏倒，感覺非常接近死亡——太接近了。這整件事讓人毛骨悚然。

我嘆了口氣，慢慢駛下泥土路。陽光溫暖地射入擋風玻璃。小路曲折穿過青綠的山丘，在一處岩石懸崖前碰到盡頭。我沒有看見什麼小屋，但是有一條狹窄的小徑繞過山丘，我走上去。也許這根本到不了艾格妮斯的小屋。

但是就在我下方，我看到了艾格妮斯小屋的鐵皮屋頂，煙囪冒著煙。我跑下山丘，幾乎是滑下來的，來到小屋的屋角，剛好碰上她。她瞪著我，臉色青紫——非常憤怒。我立刻站住了腳。

「妳載的那兩個男人是紅狗的門徒。妳應該告訴我妳上次見過他們。」

「我怎麼知道他們是什麼人？」

「班與小鼓向妳吸取力量，結果發現妳一點力量也沒有，至少現在還沒有。妳比我想像的還要笨。妳犯下了妳的第一個錯誤。」

「妳怎麼知道我載了他們？」

她沒有回答，逕自轉身回到屋裡。我跟在她身後，想要說抱歉。她拉出一把椅子，指著說，「坐下。」

我坐下來。

桌子上放滿了不同的藥草，艾格妮斯開始捆紮起來。「妳最好還是去紅狗那裡，宣佈妳的到來。還好妳戴了妳的耳環，不然他們會殺了妳。」

我感到震驚。「他們怎麼會殺我？」

「巫士從來不會殺任何人。他們使人殺自己。」

「怎麼會？」我問。

「如果有個巫士拿起槍射殺妳，他會失去力量。他們不是使妳自殺，就是使別人殺妳。」

我告訴她關於在車上與小鼓的瘋狂經驗。「妳能不能解釋發生了什麼？」我問。

「小鼓在回憶妳。他回到了妳的一個前世，或妳的輪迴中。」

「妳在說什麼，艾格妮斯？」

「小鼓想要在時候未到之前把妳帶過去。妳會永遠回不來——妳還太弱了。妳的耳環對那回憶說話，讓妳不至於過去。這次算妳幸運！」

「妳是說，光是對我說話，小鼓就會殺了我？」

「是的，而且他幾乎成功了。妳必須要清醒過來，保持警覺。做夢者一定以為妳有力量，但是我無法想像妳怎麼會有……」

我對於這次冒險的熱忱正在消散之中。

艾格妮斯站起來，把草藥掛在水槽上的釘子，用一個錫杯從水桶中盛了一杯水，喝了一口。然後她轉身面對我。

「一五一十告訴我，妳與紅狗門徒之間發生了什麼事，從最開始說起。」

我告訴她我對第一次接觸所記得的一切，當我在換輪胎時，班與小鼓怎麼出現的。我也記得了更多第二次會面時的細節。艾格妮斯的臉孔毫無表情。

「妳為什麼沒有告訴我這條小路可以到達妳的屋子？」我質問道。

「告訴妳？難道妳自己不知道？我們真的要使妳聰明起來才行！」她說，搖著頭。

我們出來拿我的東西時，我發現一扇車門是開的。

「我通常不會讓車門開著，」我說，「真奇怪。」

我們走到車子後面。我打開了行李箱。

「那是什麼？」艾格妮斯問，手撐著腰。她冷冷地審視著我的兩個行李箱、化妝箱、充氣床墊、睡袋……以及那三袋雜貨。她拿起了其中兩袋，香菸頂著她的下巴。她很快走下小徑，我提著兩個行李箱跟著她。我把東西放在屋裡，回去拿其他的東西。等我回來時，艾格妮斯把兩桶巧克力冰淇淋放在桌上，周圍是一大灘褐色的泥漿。艾格妮斯瞄著我。

「我怎麼會知道它融化得這麼快？」

外。

「妳這個白皮膚！」她說。

艾格妮斯拿了一個湯匙，吃了一些液體的冰淇淋。等她吃完時，她把紙桶丟出門外。

「很不錯，」她說，「狗會喜歡的。」

「妳沒有冰箱或保溫盒嗎？」

「冬天時我會有一個特大的。」

她吹起我的充氣床墊。橡皮很快膨脹起來。吹飽後，她把床墊放在地上，與她的床面對同樣的方向。然後她打開我的睡袋，鋪在我的充氣床墊上。她把紙袋中的食物與罐頭全都整齊地排在架子上。我想要幫她，但是我知道我只會礙事。當艾格妮斯收拾好，她拿起掛在牆上的大衣穿上。「我要妳開車帶我去盧碧的屋子，我要拿回我的響器。我要用它在妳身上。我的響器有一些力量。我看見妳有一個問題，我需要響器來治療它。」

但是車子發動不了。引擎可以轉動，卻點不了火。

「看來妳要走路。」艾格妮斯很正經地說。印地安人坐在車裡時似乎總是直視正前方。「妳可以明天去拿。我希望那時候不會太遲。妳很快就會需要響器的力量。

妳應該現在就去盧碧那裡拿它，但是晚上去不安全。況且，妳還不習慣黑暗，對不對？」

「我？在這裡走夜路？沒這回事。」想起來真恐怖。

「好吧，下車。」她說。

我們回到小屋。艾格妮斯沒有脫掉她的大衣。「今晚你必須一個人在這裡。我要去參加一個巫醫聚會。等我早上回來時，妳就可以出發去盧碧那裡。」

「一個人——在這裡？」

「是的，去睡覺。記住要拴上門——不是說這樣有什麼用。紅狗晚上會在附近遊蕩。」

我打了個寒顫。

「我真希望我們有我的響器，」艾格妮斯嚴肅地說，「要提高警覺。」

我站在窗口，看著她消失在山丘上。如果有任何事情發生，我將無法離開這裡，除了用腳走路。我點亮煤油燈，很慶幸我帶了書與日記來。我在一盆水裡洗掉我化的妝，脫了衣服，鑽入我的睡袋。燈在我的頭旁，我打開日記，開始書寫。

一會兒之後，我發覺到油煙的氣味。火爐正發出低沈的嘶聲。我放下筆記，躲入溫暖的睡袋中。我又開始胡思亂想起來了。

我想到如果紅狗真的破門進入小屋，我就會被困在睡袋中。我爬起來，穿上我的衣服，坐在桌旁一張搖晃的椅子裡。黑暗的窗戶反映著對面牆上掛著的貓頭鷹翅膀與響器。有些時候，北極光會橫越天際，一道龐大的光芒飄浮在上空，就像遠處一個城市被圍攻時的火光。小屋旁的樹木是恐怖的黑影，在風中跳著不祥的舞蹈。一隻貓頭鷹棲息在一棵枯枝的頂端，呼嘯著。我可以看見它的身影。

外頭的風勢越來越強，偶爾會有一陣顫抖穿過小屋。總是會有什麼東西掉落在鐵皮屋頂上──一定是什麼松果。每次響聲都會讓我驚跳起來。北極光漸漸消散，屋內的陰影開始靠近。

我總是喜歡燈火的氣氛，但不是現在。

我點亮其他的油燈，四處活動，假裝很愉快，在冷水中洗我的臉。

「這是什麼鬼東西？」我大聲說。

有一陣咆哮聲，然後像是一隻大型野獸衝過樹叢的噪音。我在四秒鐘內脫掉我的衣服，跳入我的睡袋，安全的巢穴中。我還不放心，跳出來把兩盞燈放在我的睡袋兩側。它們的油快完了，但是我過於害怕，不敢待在睡袋外太久去找燈油。一隻狼或什麼的開始在遠處嚎叫起來——牠怪異的聲音似乎正逐漸接近。屋頂被風吹得作響——我以為它會被掀掉。小屋顫抖呻吟著，我以為我看到一個男人的臉在窗外偷窺著我。我聽見咀嚼聲，像是一隻鳥的骨頭被狗啃噬著。

兩盞油燈都開始搖曳不定。「艾格妮斯！」我哭叫道。油燈在一分鐘之內相繼熄滅。北極光慢慢爬過牆壁，兩隻眼睛在艾格妮斯的床下閃爍著。我把睡袋拉過頭，昏睡過去。

「我知道妳需要那個力量響器。起來！妳這個傻瓜。門是開著的。那些惡魔拿走了妳的衣服。」

我開始清醒過來。

艾格妮斯發出一陣狂笑。「他們拿走了妳所有的東西。他們拿走了妳的衣服。他們拿走了雜貨。他們什麼都拿走了！」

光線從窗口射進來。清晨了。我跳了起來，赤裸地站者。

「誰？」我含混地說，「拿了什麼？」

我的兩個皮箱不見了。我的古奇手提包打開來躺在地上，裡面的襯裡被撕開了。

信用卡與錢被丟得到處都是。甚至我的化妝箱都不見了！

「喔，真糟……」我呻吟著。

「至少他們知道最好不要動我的東西。」

我坐在桌邊，扶著我的頭，發現我前額的一簇頭髮被剪走了。我跑到洗手台邊的小鏡子前。

艾格妮斯拍著她的大腿大笑。

「艾格妮斯，看看我的頭髮。全毀了。」

艾格妮斯笑著。

「誰剪的？昨晚發生了什麼事？」我覺得自己像個赤裸的小孩站在一群陌生人之間。眼淚流下我的臉頰。

艾格妮斯給我一件舊汗衫，一條很大的厚牛仔褲，及一條繩子用來繫褲子。幸好我的球鞋放在我的枕頭下，我很高興看見它們還在那裡。

「為什麼？」我打著繫褲子的結，抬頭問。

「他們偷襲了妳。那是紅狗用來羞辱妳的方式。」她過來掀起一手頭髮。「如果紅狗這樣對付我，他會得到榮譽。至於妳，也許他只是好玩。」她放下我的頭髮。

「紅狗？」我問，睜大眼睛凝視艾格妮斯。

「是啊，那隻該死的狐狸。有一天我要留一些毒藥給他。」

「妳是說紅狗在半夜進來偷了一切？」我看著門上堅固的鐵鎖。

「嗯，至少他沒有割了妳的喉嚨。換了其他人就會。」

「這真可怕。」我為我的處境悲嘆。「我會殺了我自己。」

「那妳為什麼不做呢？」她認真地問。

我發火了。「妳根本不在乎我真的自殺，是不是？」

「我會在乎，因為這樣妳就辜負了做夢者，否則……」她聳聳肩。「妳可以殺了自己或面對事實。事實是妳很笨。過來，坐下來喝一些茶。」

我氣炸了。「好吧，艾格妮斯，大家一直在說做夢者。至少妳可以向我說清楚。做夢者到底是什麼人？我想我應該得到一些答案。」

「好的，我們可以開始了。仔細聽著，琳恩，因為這些是秘密。」她舒服地坐進椅子中。她的神態有了微妙的轉變。「做夢者……是一個知道如何隨意進出神聖領域的人。」

「什麼是神聖領域？」

「神聖的領域有七層，由卡親那力量所控制著。第一層是日常的世界，妳所生活與知覺的世界。第二層是睡眠。第三層是做夢者進入的世界。」艾格妮斯想了一會兒後說，「我必須從印地安語翻譯過來。它叫做穿過世界之間的通道。要瞭解這個道理，妳只是在世界之間。如果妳進入了裡面，妳就成為了精靈，這就是我們所謂的死亡。」

「換句話說，做夢者在第二層領域來找我，帶我到世界之間？」

「不錯，但是妳還沒有力量去回憶任何事，除了妳的夢。」

「但是他們為什麼會來找我？」

「因為有意識或潛意識的，妳向力量提出了要求！」

「換句話說，要小心我的願望？」我想到我這麼多年漫無目標地研究玄學。

「丫頭，」艾格妮斯說，倒了一些茶，態度變得較愉快些。「紅狗知道了妳。他也許會再度羞辱妳。他要妳回到妳來的地方。妳最好去盧碧．眾酋那裡拿那個響器，在他們再度羞辱妳之前。」

我們喝了茶，吃了點東西。

「妳記得去盧碧那裡的路嗎？」艾格妮斯問。

「記得。」我說，「我怎麼忘得了？」

「現在妳知道會發生什麼，妳要回去嗎？」

「不要。」我生氣地說。

「好吧，妳最好小心妳的背後。紅狗想要好好鬧一番。對他來說，偷襲根本不算什麼。」

我生硬地吞下口水，清清喉嚨。「妳能不能跟我去？」

艾格妮斯雙手交叉在胸前。「去吧。」

我離開小屋，快步前往盧碧的住處，很驚訝我忘了許多這裡的地形。我自覺到我的穿著怪異，一陣風吹起我的汗衫，褲腳也鼓脹起來，我笑著自己。腰上綁的繩子垂下來，碰著我的腳跟。我想如果我的老朋友賽琳娜看到我這副模樣，她不知道會笑成什麼樣子，但是我不敢讓我的思想渙散。我必須要保持清醒，學習一些東西。我沿著溪流旁長滿野花的小路跑著。我可以聽見水流聲，瞥見陽光穿過白楊木。我仍然能聞到我身上的柴煙味。它就像香水一樣不散。

我又走又跑了整整三個小時，直到盧碧的小屋出現在遠方。我停下來，腸胃翻騰。

我開始舉步前進時，聽見一支笛子的聲音由風中傳來。當我接近時，笛聲也越來越響。

一個嬌小的女孩坐在盧碧的前院，吹著樂器。她的頭髮漆黑，垂到她的腰際，我覺得她非常美麗。我向她揮手，但是她沒有反應。我叫了一聲，她繼續吹著笛子。

「很好聽。」我來到前院說。

女孩繼續吹著笛子。

「我說妳吹得很好聽。」

她還是在吹同樣的調子。

「嘿！」我說。

我跪在她面前，凝視她的眼睛，但是她繼續吹著同樣令人瘋狂的調子。我伸手到她美麗的圓臉孔前。她的黑眼睛茫然，沒有移動。她的身體像石頭一樣僵硬。我想起了可羅里的雜貨店老闆所說的那些去找盧碧的女孩。

盧碧衝出了她的小屋。「不要煩她。這是沒有用的！」

我朝後退。

「不要跟七月說話。她不會懂的。」

我畏縮著。那女孩看著前方，一直吹著相同的音符。

「妳來這裡做什麼，白皮膚？」

「艾格妮斯叫我來拿她的響器。」

「什麼響器？」

「她說她要用來幫助我。」

「我沒有她的什麼響器。為什麼艾格妮斯不自己來拿？」

「我不知道。」

盧碧厭惡地看著我。「她一定是指求雨的響器。她想要向我借。我不知道我是不是應該給妳。它十分危險。」

「艾格妮斯說她需要她的響器。」我結結巴巴地說。

「嗯，妳確定妳真的要冒這個險？」

「冒什麼險？」

「死亡。還有什麼其他的危險？如果這求雨響器以某種方式碰觸了大地之母，妳就死定了。如果在日落前，她沒有被懂得門道的人所安撫，她就會召喚精靈來殺妳。如果我把我的響器託付給妳，而妳犯了錯誤，世上就沒有力量能阻止妳的死亡。妳確定妳要冒險嗎？」

「艾格妮斯要我來拿它的。」

盧碧顯然對這個情況很不高興。我發現當她皺著眉頭時，她沒有看任何人。我想起她是個瞎子。現在這裡有兩個人對我視而不見了。

七月吹著她的笛子，盧碧凝視著遠方。「我去拿響器給妳。」她說，回到小屋裡，好一陣子才出來。

「她在這裡。」她說，把響器丟給我。它是陳舊的褐色，約九吋長，手把上刻著圖案。上面的鼓像個網球大小，我可以聽見裡面有像是種子晃動的聲音。這個東西很令人畏懼。

當我觀察它時，盧碧伸手過來摸我的頭。「看來妳這裡的頭髮禿了。」她說，開始大笑。「誰偷襲了妳？」

「紅狗。」

她爆出歇斯底里的狂笑，拍著大腿，彎下腰來。

「紅狗是個粗暴的人，」她說，擦著眼睛，「聽著，我借艾格妮斯這個響器，是幫妳的大忙。現在我要妳幫我一個小忙。帶七月跟妳回去，告訴艾格妮斯，幫我照顧她幾天。」七月仍然在吹著笛子。

「當然，我很樂意，盧碧……」我說，「但是她不會停下來嗎？」

「絕不會。而且絕不要把笛子拿走。那會傷害她。她把我弄得快瘋了。所以我要艾格妮斯來照顧她。」

笛子繼續吹著。

「妳能叫她跟我走嗎？」

盧碧推七月站起來，對她說了些克利語。

「她會跟妳走。」她說。

盧碧給我一個花生醬三明治與一瓶果汁，向我解釋要怎麼做。不管發生了什麼事，求雨響器必須在天黑時送到艾格妮斯手中。我道了再見，七月吹著笛子跟著我，我們朝艾格妮斯的小屋出發。

我雙手抱著響器在胸前。雖然很累，但是不敢休息。天空是銀色的靛藍，已經不冷了。我慢慢走著，很小心，每一步都很重要。七月以同樣謹慎的步伐跟著——不快也不慢——吹著同樣的調子。

現在是下午，我有很多時間可以走到艾格妮斯那裡。我開始懷疑盧碧與艾格妮斯是不是在利用我作她們的跑腿。這個響器怎麼會有力量?如果求雨響器以錯誤的方式碰到土地，就會殺了我，那麼盧碧在前院時為什麼敢把它丟到我身上?

笛聲開始使我緊張，我的肌肉開始痠痛。但我可沒那麼好騙。我對於力量之物要懂得比我所認識的人都要多。我擁有、購買、與賣出許多這類的東西。它們的美麗是很神奇，所有的美麗都很神奇，這就是它們僅有的力量。

一個小時後，我感到暈眩。七月還是在吹著笛子，我停下來一會兒等她趕上。風勢漸漸增強，樹葉與砂石飛舞。七月彷彿是在夢遊，時常被絆到，但是她絕不會看路，只是跟著我。她的調子卻一個音符也不會錯。根本沒有辦法使她停止下來。

笛聲騷擾著我，我開始搖動響器，在左右手中交換，然後，當七月與我橫越崎嶇的山路時，我開始把它拋到空中，然後接住。那些老女人可別想要我!我可能會漏接，但是機會不大。我想要故意把它掉到地上。

但我停了下來，因為害怕。我想起了前額被剪掉頭髮的地方……還是暫時相信盧碧比較好。

一隻烏鴉直直飛過我的左肩，停在一棵樹上，收起翅膀棲息著。七月停止前進，站在那棵樹下，繼續吹著。

「走吧！七月。」我叫道。

七月對我的話沒有反應。

烏鴉在整理牠的羽毛。

「喔，請妳走好嗎？」

時間已經晚了。盧碧說如果我在日落前沒有把響器交給艾格妮斯，求雨響器的精靈會摧毀我。七月可能會永遠站在那裡，我不能留她一個人。也許她被那隻烏鴉所吸引，如果我能趕走那隻鳥，她就會跟我走。

我看看四周，找到幾個石頭，小心不讓響器碰到地面。我拋擲石頭，石頭呼嘯飛過烏鴉旁邊。我丟了又丟，但是烏鴉沒有飛走。石頭太靠近時，牠就跳起來，然後又落回原處，生氣地聒噪著。我放棄了。

「我們必須去艾格妮斯那裡。」我說，拉著七月的手臂。

她的身體很僵硬。

「七月，」我叫道，「妳不瞭解嗎？我們必須走了！」

她繼續吹著笛子，漆黑的眼睛茫然。

烏鴉在頭上叫著。

「該死！」我叫道，「走啊！」我用力扯她的手臂，卻往後摔倒。響器從我手中掉到地上。我想我就要死了。

一陣黑暗降臨……冷風襲來，頭上響起雷聲。雨開始落下，冰冷地打在我身上。一道閃電撕裂了天空。我抬頭看見烏雲把太陽遮住。這團雲出現的如此突然，我懷疑我是不是自己在胡思亂想。七月吹的雙頰鼓起。烏鴉振翅飛走，彷彿釋放了七月。雖然我頭昏腦脹，但終於使她朝著艾格妮斯小屋的方向前進。我感覺醉暈暈的，發著抖。我心跳加速，拾起了響器。風勢很強。水滴從樹上滴下，但是雨停了。只有烏雲在翻騰著。

離開樹下不久，我們就走出了烏雲之外。天空是晴朗的，除了我掉下響器的那一小塊地方，那裡有一片不祥的灰霧分割了天空。

七月的笛子在我背後吹著那無止盡的調子。

我們終於到了艾格妮斯的屋子。黃昏的橙紅光芒照著地平線。

艾格妮斯出來迎接我們。「快把那響器給我，」她命令道，「妳差點送命。」

我的心跳劇烈。我把響器交給她，她跑進了小屋。七月走到前院，背靠著一根柱子坐下，她繼續吹著笛子。

我一走進小屋，艾格妮斯就說，「去溪邊拿一點水來！」她給我一個水桶。

我很快就提著一桶水回來。

「吃。」艾格妮斯說。

我坐下來開始吃東西。艾格妮斯坐在我對面。「一五一十告訴我妳今天發生了什麼事，一點也不要遺漏。」

我告訴她之後，艾格妮斯站起來。在一瞬間，她伸手過來抓住我的喉嚨，拉我向前。我很驚訝她有這麼大的力氣。她拉著我走，直到我的臉面對著在她衣櫃頂端水桶中的求雨響器。「看看她！」她說，慢慢放鬆她的手。「不要移開視線！告訴她妳尊敬她，而且要真心誠意的。」

「妳是說對響器說話？」

「是的。妳冒犯了她。」

我被艾格妮斯突然爆發的暴力所震驚，我幾乎是尖叫地說，「對不起！我尊敬妳……」

「妳不用道歉，」艾格妮斯說，「妳只需要尊敬她。」

「我尊敬妳……」我說。

「明天妳回去盧碧那裡拿正確的響器。妳拿來了求雨響器。我要的是母親響器。母親響器是一個烏龜殼響器。」

「妳是說我必須再走一趟？」

「明天！現在妳最好上床。」

我在單調孤寂的笛聲中睡著了。

Part 6

那些是尚未出生的死嬰。它們在妳裡面，一直在哭泣。它們哭泣了好幾千年，在那裡，黑暗之輪永遠旋轉著。

——盧碧・眾酋

我醒了過來，但是感覺非常舒適溫暖，我懶散地流連在夢境世界裡。現在起來還太早了。

搭、搭、搭、搭——

我聽到了一種噪音，像是一片鬆掉的屋瓦在風中晃動。我想這聲音會停止。

搭、搭、搭、搭——

我終於睜開眼睛，坐起來伸個懶腰。我的肌肉酸痛，我的腳因為昨天的跋涉而到處疼痛，好像要抽筋。我環顧四下尋找艾格妮斯，沒人在屋裡。

搭、搭、搭、搭——

又來了。

我看著不規則的木窗。外面有一隻很大的黑烏鴉在用大嘴敲著窗戶，牠有閃亮的翅膀與眼睛，左右搖著頭，銳利地凝視我。

搭、搭、搭、搭——

烏鴉在求我讓牠進來嗎？鳥兒應該是畏懼人的——當然會畏懼進入屋內。

搭、搭、搭、搭、搭——

牠似乎不耐煩了。

突然小屋門被撞開，艾格妮斯手中抱著兩根木柴進來。她一根一根地放入火爐中。

搭、搭、搭、搭——

她轉身向前傾，用舌頭發出滑稽的聲音，然後她打開窗戶，對那隻烏微笑，烏鴉在窗檻上跳躍著，鼓起胸膛，像個紳士般昂首闊步。牠似乎對我的方向鞠了一個躬，高聲叫囂著，然後飛到房間中央的桌子上。我笑了。我很喜歡這個小丑。

「這是烏鴉，」艾格妮斯說，「琳恩，見見烏鴉。」

「很高興見到你，」我說，「但是我想他不高興看到我。」

「他是不高興。他要進來吃早餐。」艾格妮斯說，對烏鴉伸出一些肉乾。烏鴉似乎比較溫馴些，啄了一下。

我爬出我的睡袋，穿上我的布袋衣服，與艾格妮斯和我們的客人共享早餐。我們喝咖啡時餵牠一些麵包屑與醃肉，這似乎讓牠很高興。牠看起來是個很有禮貌的客人。

「這個老強盜來這裡吃早餐好幾年了，」艾格妮斯說，「他的胃口比我還要大。」

我已經忘了七月，但是那悽慘的笛聲又打斷了早晨的寧靜。

「喔，不……」我說，「又來了！」

艾格妮斯點點頭表示同意，我們都笑了起來。七月讓我們兩個都受不了。

烏鴉飛到窗檻。牠踱了一會兒步，聒叫著。

「我飽了。」艾格妮斯對牠說。

烏鴉又叫了一陣，然後飛走了。

「妳只吃了一片烤麵包，一片醃肉，怎麼可能會飽？」我問，「我根本還沒有飽。」

「這是我們族人的一種表達方式。意思是，『我已經吃過了，我飽了。』這與食物毫無關係。我們不會為了什麼物質而到處向人致謝。只有一個對象要感謝，那就是偉大的力量。『我飽了』是說我對於所分享的感到滿足。我感覺很好。我們只有一項贈予，那就是去選擇我們的死亡。妳在妳的世界中說『謝謝你』。謝謝你是一句謊言！我建議妳永遠不要再用它。妳可以客套地用它，但是絕不要真正對他人感到謝意——那會剝奪妳的力量。只有一個例外。當妳真正在其他人中看到了偉大的力量時——妳就可以對那力量表示感謝與讚頌。否則，忘了它！」

「但是我一直被教導……」

「我不管妳是怎麼被教導的……」艾格妮斯打斷我的話，「妳學到的是錯誤的。」

我思索她的話，吃下最後一口麵包。

「妳會不會騎馬？」艾格妮斯突然問。

「會，我有時候會騎馬。妳為什麼問？」

艾格妮斯在小屋中走動，整理東西。「妳必須要立刻去盧碧那裡拿響器。今天，我會陪妳走一小段路。我們一起騎馬。」

我好高興，很快清理好桌子。

「我不知道這裡有馬。」我說，與艾格妮斯一起走入清新的北方空氣中。「牠們在什麼地方？我沒有看見任何馬。」

「妳有太多東西沒有看見！琳恩。」

艾格妮斯把一些肉乾放在七月身邊，對她耳朵低語了一些話。七月繼續吹著。她的眼睛仍然茫然，身體僵硬冰冷。她看起來如此脆弱孤獨，吹的音符像是一隻鳥在求援——或者是一種警告。她似乎在嘗試一種新的悲哀。

「她等一下會吃。」艾格妮斯說。

她示意我跟她走，我們走上通往盧碧屋子的小徑。一會兒之後，我們轉向南，路變得越來越難走。我們沿著小溪的支流走，水面反映著透明的藍綠色。我們四周的岸邊是芬芳的苜蓿與青草。

「今年春天的草長得很茂盛，」艾格妮斯說，「這對馬兒很好。」

我點頭同意。

到處可見兔子在我們接近時四處逃竄，發出細小的聲音，躲藏在石頭後面。我跟隨艾格妮斯穿過樹叢的陰影間，來到一處草原。

「這裡是南方的牧場。」她說。

她把右肩上背著的兩副轡繩其中一副給我。它十分美麗。看起來是用馬毛編成的——黑色與白色的毛——還有像是鹿角的馬啣鐵。

三匹看起來吃得很好的馬站在溪邊吃草，兩隻栗褐色與一隻花斑色的。我們接近時牠們都抬頭瞧了一下，然後又繼續進食。牠們讓我們走到牠們身邊，艾格妮斯拍拍一匹馬的脖子。牠的鼻孔拍動著，腳撥著地。

「妳騎花斑色的。她很溫和，妳隨時想騎她都可以。她需要運動。」

我們把韁繩綁在馬身上，牽馬到一塊及膝的石頭處。艾格妮斯摸摸她的馬的額頭，從右邊抓住馬的鬃毛，然後一躍到馬背上，她的靈活讓我驚訝。

「好，艾格妮斯，如果妳可以，我也可以……」

我從左邊抓住馬鬃毛，往上跳，但是我的腳撞上了馬的腹部，我以背部著地。地面很硬。

艾格妮斯俯視著我，沒有馬鞍地騎在馬上大笑。

我爬起來。馬兒瞇著眼瞧我，顯然在奇怪這個白皮膚在幹什麼。我又跳了一次，再次跌到地上。再試一次，我放棄了。

「用省力的方式。」艾格妮斯說。

我牽著馬到岩石旁，踩著岩石上了馬背。

艾格妮斯瞄著我，又爆出大笑。

「很好笑。」我說。然後我問，「妳為什麼從右邊上馬？」

「因為不久以前，我們印地安人把巫醫盾牌戴在左邊。」

我們騎馬回到小徑上，悠閒地前進。艾格妮斯騎在馬上，她的鹿皮鞋盪在空中，辮子在風中搖擺著，她真是引人注目，彷彿有無窮的活力。馬兒仍然有冬季的厚毛，溫馴而好駕馭。牠們沒有馬蹄鐵，但是牠們的蹄子形狀很好，身體肌肉結實。一定有人時常騎牠們。

我隨著步伐左右搖擺，鬆弛於寧靜的清晨中。我們在陽光中騎著馬，然後慢跑過一個峽谷底，爬上一群岩石，仍然朝南前進。馬兒的鼻孔掀動著，耳朵豎起來，一小群牛在我們下方吃草。

我們四周鳥鳴聲不停，頭上有野雁朝北飛去。一陣輕微的捲風吹過，我們朝牛群前進，騎馬來到牛群的邊緣，然後在一片濃密香甜的苜蓿中下了馬，讓馬兒吃草。

我們坐下來，拿出我們的燻魚與麵包。這是一處美麗的荒野，有森林與山峰，薄霧般的雲給空氣帶來一股溫和的潮濕。我撕下一片麵包，開始咀嚼。

艾格妮斯轉過來。她的臉在四周的青綠襯托下顯得紅褐。「琳恩，妳相信什麼？」

我被這個突然的問題嚇了一跳。

「我相信什麼？」

「是的，告訴我。」她對我微笑，眼中有一種特別的光芒。

「嗯，我相信誠實。」

艾格妮斯輕聲笑著。她把一塊小石頭放在我面前的地上。「繼續，」她說，「還有呢？」

「我相信——把事情做好。」

艾格妮斯格格笑著，又放了一塊石頭。

我繼續說明了我在政治與道德上所有的重要標準。等到我說完後，有相當多的一堆石頭了。

「這是什麼意思呢？」我問，指著那堆石頭。

「這些石頭象徵著妳的信仰。這是世界的圈套，以及自我的圈套。妳的圈套像是包圍妳的巢穴——非常舒適。但是妳必須要認知到如此安全巢穴的存在。妳必須要看出來，妳坐在這些石頭之上，彷彿它們是蛋，妳是孵蛋的母雞。妳必須要看出來妳不是自由的，因為妳永遠不會離開妳的無知巢穴。」艾格妮斯指著那堆石頭。「那是妳的巢穴。妳可以花一輩子時間去孵它們，如果妳想要。這些蛋就是妳的經驗界線。」

她用她的鞋子碰著石堆的邊緣。「有一個蛋是妳應該去好好孵的——那就是與偉大力量和諧相融。它是在圈套中央的神聖石頭。孵了那個石頭，妳就可以孵出鳥中的皇后，用她的爪撕裂所有的知覺界線。不管妳相不相信，在心中醞釀這個觀念，自我的圈套也就是宇宙的圈套。因為妳就是鳥中的皇后，永遠遨翔著，無止無盡。只有皇后之鳥才能建造一個真正的巢穴，沒有分別。」

她拿起一塊石頭。「這是妳相信誠實的那一部份。但是只有已經打破了真實與虛偽之蛋的人才能誠實。妳保護著那個蛋，彷彿裡面是一個寶貴的小孩——妳其實在孵育假蛋。妳能不能一個一個拋棄那些孩子？」

「不能……」我說，「我的信仰代表了我自己。它們對我而言象徵了某種真實。我怎麼能拋棄它們？」

「妳最好如此。妳必須要瞭解妳不是自由的。妳要走上神聖之道，孵育那無止盡的蛋。」

「我會試的。」

「說『我的信仰不一定是真實的，雖然我相信它們是真實的。』」

我重複了這段話，感到困惑。我看著石堆，心中感覺到它們的黑暗重量。

「好了，」艾格妮斯說，站起來，「其中讓我非常感興趣的是妳的政治觀點。我自己是個組織者。來吧！讓我們組織一下。有一些重要的課題需要討論，我要使這個世界變得更美好……」

我跟著她橫越草原。艾格妮斯帶勁地朝牛群走去，爬上一塊岩石，清清她的喉嚨——我想不出她要做什麼。她把手臂張開，她的聲音變成了廣播電台的播音員或一個叫賣的推銷員。

「全世界的牛群們，團結！你們沒有什麼會失去的，除了你們的鎖鍊。」

牛群吃著草，頭都不抬一下。

艾格妮斯繼續嚷，「聽我的話，不然你們會滅絕！難道你們不知道他們要吃你們嗎？有一個邪惡的陰謀在醞釀中……」

我雙腿盤坐在草地上——專心傾聽，不像四周的牛。艾格妮斯繼續裝模作樣，牠們的咀嚼聲也越大聲。我幾乎可以聽見一群隱形的群眾在歡呼，看見示威群眾的標語牌。

「兄弟姊妹們，沒有人承認我們對你們的虧欠！」

我必須要讓路給一群狼吞虎嚥的牛群。

「你們分享與付出，只要求一點點回報。我要問你們生命中最重要的問題……」

艾格妮斯停頓一下，戲劇性地在她的講台上晃著，收起下巴，強調她的地位。她看起來就像一個憤怒政客的漫畫。我控制不住地大笑。

「你們知不知道，兩條腿的要吃你們？全世界的牛群，請聽我說……」艾格妮斯做出宏大的姿態。

「你們對周圍的陰謀視而不見。你們偉大的牛領袖呢？」她握緊拳頭在空中搖晃著，臉上一副強烈的表情。「除非聽我的，否則你們將沒有希望！聽我所要告訴你們的。你們不知道他們要吃你們嗎？」

一隻牛鳴叫著，彷彿有點受到啟發。

「全世界的牛群，我們可以建立一個沒有壓迫的王國，一起努力！一起前進！」站在一塊花崗岩上，周圍是牛群與糞便，艾格妮斯舉起雙手，彷彿在接受群眾的歡呼。我笑得眼淚都流下來。

「有一個領導者，只有這一個領導者！」艾格妮斯對假想的群眾叫道，「兩條腿的說他們比較聰明，但是瘦弱的兩條腿怎麼能與你們的力量相比？很明顯地你們需要一個新酋長，我今天把她帶來了。」說完後，艾格妮斯鞠了躬，把岩石讓給我。她坐下來，頑皮地微笑著。

「首先，你們要知道你們正處於危險之中，」我莊嚴地說。然後我跪下來，懇求牠們，「你們不知道你們處境的危險。我是你們的救主。」我停頓一會兒，繼續說，

「如果我們團結起來，我們就有機會革命。如果你們能體認你們的偉大力量，就像艾格妮斯所說的，你們可以成為地球的主宰。」

我跪在那裡，手臂伸直著。有一會兒，我竟真心希望牠們能瞭解。我感覺到真理與無知之間的鴻溝。一隻好奇的牛走了過來，用鼻子碰碰我的腿，然後用力頂了我的背一下。我失去平衡，臉朝下摔倒在蓿苜與乾牛糞之中。這一切發生得如此突然，出乎意外，我趕緊轉身看看牛是否繼續要攻擊我。但是牠看到我沒有什麼東西給牠吃，就轉身繼續去吃草了。這實在是叫人無法消受，我倒在艾格妮斯身旁。

我們在草地中打滾著大笑。這個老太婆的粗魯與調皮讓我既害怕，又喜愛，我陶醉在泥土的芳香與四周的動植物之中。我把手插入泥土裡，坐起來。泥土摸起來很潮濕。泥巴與石粒沾滿了我的手，我有一股衝動想把濕泥土塗在臉上，在這個濕潤而溫暖的地方打滾。艾格妮斯伸出手，握著我的手，拉我站起來。她搖著頭笑著，直到眼淚流下來。我們挽著手，一起笑著橫跨草原，像兩個醉鬼——互相碰撞肩膀假裝失去平衡。我感到沈醉。

我們追上了馬匹，又騎上了馬。我必須踏石頭才上得去。艾格妮斯沒有事先警告，就策馬朝著牛群騎去。

「幫我趕牛，把牠們趕到草原的另一端。」她叫道，策馬奔馳而去。我緊追上去。

在幾分鐘內，肥胖的牛群們發出不滿的叫聲，被趕成一圈。

「石頭！」我對艾格妮斯大叫道。

牛群就要踐踏了我的那堆石頭——我的信仰。我看著牛群直接踏上石頭，它們到處亂飛。然後我調轉馬頭，自己騎去踐踏剩下的石頭，然後等待艾格妮斯。她點頭表示贊同，眼中閃著快樂的光芒。

「怎麼樣，琳恩，妳現在有沒有感覺很特別？」

「是的，我感覺很特別。」

我們安靜地騎到草原的盡頭。牛群被驅趕一陣子後，又繼續牠們懶散的進食。

「現在我要回到七月那裡。」艾格妮斯說。她朝盧碧的小屋方向點點頭，然後驅策她的馬掉頭，沿著小徑離開。「記住，是母親響器！」她回頭叫道。

我花了一整天時間與艾格妮斯在一起。我知道沒多少時間可以去盧碧那裡，還得在天黑前趕回去。

希望今晚月光夠亮，我想。

我朝西走下小徑，越過山丘，離開了牛群。我決定要叫我的馬『油彩』。

「加快腳步，油彩。」

她的腳步輕快溫和，我深感慶幸，但是我知道明天就會全身酸痛。這條小徑開始變得熟悉。曾經恐怖的荒野現在成為清楚而有秩序，甚至連驚嚇過我的鵲鳥都似乎變得可愛起來。油彩能夠維持她輕快的慢跑幾乎無止盡。我讓她的步伐來帶引我，我們成為十分和諧的一體。

在似乎很短的時間內，我抵達了盧碧的小屋。我抬腿繞過油彩寬闊的背，快活地滑下地。當我抬起頭時，盧碧正站在門口。

「嗯，現在又怎麼了？」她問道。

「這次我來拿母親響器，」我說，「昨天妳給我的響器不對。」

盧碧瞪著我，「我沒有給妳不對的響器。母親響器在艾格妮斯那裡。」她氣憤地說，「我要母親響器做什麼？」她手揹在後腰，紅裙子在微風中飄盪。

「盧碧，不要開我玩笑。我騎那麼久的馬來這裡就是為了母親響器。艾格妮斯需要它。一定在妳那裡——是不是？」我的聲調肯定聽起來很淒涼。

「別哭……寶貝。我沒有艾格妮斯的響器。告訴她，我覺得她是老糊塗了。」

我喃喃地說了些話，表示同意。盧碧轉身走回小屋，關上了門。我很生氣。艾格妮斯讓我白跑了一趟。

還有盧碧——那個瘋狂的盧碧。我坐在前院，多麼想要休息喝杯茶。盧碧可以更好客一些。

天邊聚集著烏雲。陽光從雲中射出。一道道燦爛的金光穿過薄雲邊緣。

「再見！盧碧……」我對關著的門叫道。

油彩與我健步出發。她的毛皮都沒有流汗，除了肩膀上有點濕——她的情況極佳。空氣中有一點雨，峽谷底薄霧瀰漫。我逆風而行，油彩的鬃毛被風吹起，飛舞在我臉前。我很急著要回家。我一直注意天空有沒有暴風雨，但是雲開始消散，太陽又出來了。我看著一隻紅尾巴的鷲在氣流中盤旋。我們在溪邊停了一下，油彩一直喝水，直到我拉起她的頭，催她上路。我仍然對母親饗器的事感到很生氣。

當我到達南邊的草原時，已經是清晨了。我下了馬，希望我能餵油彩一根胡蘿蔔。我抱著她的脖子，抓著她的耳朵，她躺下來，在草地上打滾，搔她的背，就像我早先時與艾格妮斯的嬉戲一樣。

「待會見，油彩。」我揮手說。

我朝小屋走去。我餓死了，而且希望能得到一個好解釋，為什麼我要去盧碧那裡，而她根本沒有母親響器。我聽到了笛聲，看見了前院，發現有三個人坐在那裡。我驚訝地張大了嘴。盧碧正與艾格妮斯和七月坐在那裡。盧碧怎麼會比我早到？

我走上前，喃喃說，「盧碧，妳比我快？」

「我走了捷徑。」她笑著我的驚訝表情。

我抬頭望著樹梢，試著平靜自己。我小心地坐在前院的階梯上。

「妳不可能比我早到的，」我說，「我是朝東直直走的。」

「但是妳看，我的確在這裡。妳迷路了嗎？」

艾格妮斯笑了。我瞪著她。「盧碧說母親響器是在妳那裡。」

艾格妮斯彈了一下手指，好像她才剛想起。「喔，沒錯。我忘了。」

「妳故意讓我去追野雁（wild goose chase，意味著白忙一場）。」我指控著，我真的很生氣。

「追野雁，」盧碧說，搖動著她的手肘，伸直她的脖子，就像隻生氣的野雁。

「哼，哼！追野雁！」她繞著院子邊跑邊哼，不停拍著手肘。艾格妮斯不以為然地看著。

「別這樣，盧碧。」艾格妮斯說。

「那妳把我的響器還給我！母親響器是我的響器。」

「盧碧……」艾格妮斯跺著腳說，「妳明明知道母親響器是我的。妳在四年前給了我。」

「不，我才沒有！我是借給妳，這有很大的不同。」

「妳給了我。」艾格妮斯強調。

「艾格妮斯，妳一定是昏了頭。我從來沒有給妳我的響器。現在還給我！」

「不要！它是我的。」艾格妮斯說。

我坐在階梯上，難以置信地看著。七月的吹奏變得比較溫和，仍舊茫然地凝視著遠方。

「不行，母親響器是我的，」盧碧說，「那是我跟雲霧女人交換來的。」

「它是我的，」艾格妮斯叫道，「是不是，琳恩？」

「嗯?是的……是妳告訴我的！」我說，「不要把我扯進來。」

「瞧，這就是證據。」艾格妮斯指著我說。

「喔……站在她那一邊，」盧碧說，「就是這樣！大家都跟我作對……」

「我沒有站在任何人那邊，盧碧……」我說，「妳們倆能不能坐下來，像大人一樣討論事情？」

「妳是說像這樣嗎？」盧碧坐下來，鼻孔朝天地翹著頭。艾格妮斯坐在她對面，雙手像淑女般交疊著。兩個女人的臉都甭得緊緊的，噘著嘴唇。

「現在，讓我們來討論我的響器。」盧碧說。

「哎呀，親愛的盧碧。妳錯了！當妳錯得如此離譜時，實在是有點麻煩，那是我的響器……」

「現在，各位女士，」我很正經地說，「妳們所討論的這個響器，最初是來自於何處呢？」

艾格妮斯與盧碧無法再演下去。她們抱住對方，像小孩一樣咯咯笑著，上下跳躍著。我知道我又被耍了。這整件事完全是騙局。

我厭惡地離開她們，走進小屋找東西吃，然後出來坐下。艾格妮斯與盧碧仍然在耍寶。盧碧在抽菸。她的手指玩弄著紙菸，吐出一長條的煙，然後丟到地上踏熄，然後又點了另一根。她在當煙囪。

不久後，已經是傍晚了，艾格妮斯與盧碧的表情突然變得很嚴肅。

「快要日落了。」艾格妮斯說，遞給我一件大衣。她拿了她的夜鷹響器，盧碧拿了她的烏龜殼母親響器。當我們又走到外面時，天空是一片粉紅與燃燒的金黃色。

我們繞過小屋的右邊，穿過一道很大的岩石裂縫，我原先不知道有這道裂縫，我們走下一條狹窄的小徑，最後變成陡峭的攀降。我抓著石頭，注意我的腳步。然後我們經過一條淺溝，進入一個峽谷，那裡有大石頭散佈著，在夕陽下像是橙紅色的瑪瑙。峽谷通往一個狹窄的石臺，突出在一個懸崖上面。我發現那裡有工具的痕跡，石壁上雕刻了一隻動物與一張無法辨認的人臉。最後我們來到岩石中一處圓形的區域，大約二十或三十尺見方，在一端有個很淺的洞穴。地上有幾堆餘燼，洞穴後面堆著新的木柴。

「琳恩，妳來架火堆的木柴。」艾格妮斯指示。

艾格妮斯示範如何安置火種，架置大塊的木柴，她們看著我手忙腳亂地工作。最後，盧碧點燃了火種，火焰很快就升起來了。

「妳們看天空！」我叫道。夕陽現在是深紅色與粉紅色。峽谷中岩石與杉木的尖端是火紅色與黑色的剪影。在我耳朵裡有一種壓力，彷彿我們到了幾百尺的深處。艾格妮斯抓住我的肩膀，讓我面對著漸逝的夕陽。

「這是世界改變的時刻，」她說，「也是妳可以改變的時刻。」老女人們開始搖動響器，唱著歌，在我四周搖晃著。

「妳是中央的火焰。」艾格妮斯說。她來到我身邊，在我耳邊搖晃著響器，繞著我的頭轉，然後又退回去。

「妳是開花的樹。」盧碧說，她的臉在黑暗中顯得很怪異。她在我另一隻耳朵旁搖著龜殼響器，又繞著我的頭轉，然後退回去，聽起來像是一隻蛇準備要攻擊。

她們倆重複這個動作好幾次。天空現在是黑的，火焰嗶剝著。龐大的黑影在高大的岩石上舞動著。老女人們變成夜晚中的精靈，她們揮舞著她們的響器，繞著我打轉，聲音在峽谷中迴響。我開始覺得暈眩。火焰的煙霧盤旋在地面上，包圍著我們，艾格妮斯與盧碧在灰色的霧中忽隱忽現，煙霧有雪松的氣味。響器毫不留情。黑暗與煙霧感覺十分厚重。響器的聲音巨大而具體，我可以嚐到它的旋律。它強大而有力量。

艾格妮斯站在我面前，拿著她的夜鷹響器。她的閃亮雙眼攫住了我。我顫抖著。我感覺我飄浮在響器裡面。它的聲音震耳欲聾。我的耳朵在撞擊，我想要尖叫。突然間，我變成了那聲音，無法再維持住它。彷彿一個水壩破裂了，一個歌聲與節奏的水壩。我爆破成紅色的空無，反映著四周岩石的火熱光芒。我的頭顱好像裂開了。艾格妮斯的響器把我從我之中拉了出來。我的肉體意識消失了。我低頭看著這兩個女人，然後我就是她們。

我飄浮了一會兒，然後盧碧的母親響器聲音拉住我，像是一隻手抓住了我的子宮。不間斷的節奏把我拉回到另一種意識中。聲音聽起來像是嘶嘶聲。艾格妮斯與盧碧的歌聲現在變得很奇怪，很遙遠。我的嘴很乾。似乎有粉紅色的火光從我射入空中，我覺得很溫暖，我的意識集中在我的腹部。艾格妮斯與盧碧消失了，無數的嬰兒開始嚎哭。世界上所有的嬰兒都聚集在我四周，在我之中，我是一個巨大的泡泡，包住他們全部。我躺在地上。

「那些是還尚未出生的死嬰，」盧碧說，把她的頭放在我的肚子上，「他們在妳裡面，一直在哭泣。他們哭泣了好幾千年，在那裡，黑暗之輪永遠旋轉著。」

我試著坐起來。艾格妮斯用一條毯子裹住我。

「感覺那些哭泣嬰兒的信任，」她說，「感覺在妳之中的女人力量，母親的力量，妳就是大地之母。」

眼淚流下我雙頰。我感覺得到潔淨，充滿了新的力量，以及深沈的喜悅。盧碧熄滅了火，艾格妮斯幫助我站起來，我們開始走回小徑。

Part 7

當一個高等戰士竊取到力量時，天空中的戰士們會露出微笑。

——艾格妮斯

我聽見烏鴉在敲窗戶，然後艾格妮斯打開窗戶，讓牠進來。這樣子醒過來是很愉快的。我睜開眼睛眺望青綠的山丘與上方飄浮的白雲。烏鴉在桌上整理牠的羽毛，睡忪忪地眨著牠的眼睛，抖著身體。咖啡聞起來很香。

「盧碧與七月呢？」我問，坐下來準備吃早餐。

「她們去散步了，」艾格妮斯說，「她們會去一整天。」她聳聳肩。「至少我們不用聽那噪音。那支笛子使我的耳朵痛……」

我笑了，點頭表示同意。「艾格妮斯，告訴我發生了什麼事。我幾乎不相信我所記得的。」

「昨晚妳被帶到了響器之間，母親響器與夜鷹響器，兩種無法抗拒的力量。妳的生命在裡面旋轉。在某個時刻，它們可以把妳扯碎，但是妳從它們之中得到了妳的力量。現在妳全身上下無一不是大地之母本身。母熊與白羽毛弓箭跳舞，昨晚，箭頭碰在一起了。大地之母的能量與妳的能量結合在一起了。」

「我感覺強壯多了。」

「妳是強壯多了。大地是能量的泉源。妳與基本的力量結合了。現在妳就是那力量。」她丟了一塊烤麵包屑給烏鴉，牠立刻跳過來吃了。

「我覺得我幾乎像是懷孕了。那些嬰兒——他們仍然在我裡面嗎？」

「他們一直在妳裡面，也在所有女人裡面。記住，一切都是誕生於女人。這是被世界遺忘的一種力量。男人是不速之客。許多人，包括許多我的族人，都不瞭解這個道理，會對我所說的話感到生氣。不管如何，這是律法。女人是開花的樹。妳是宇宙，創造，與大地之母的中心。妳需要重新學習，建立妳的力量。現在妳的訓練可以開始了。」

我非常興奮。「訓練去偷一個婚禮籃？」

「是的，到現在為止，我加強了妳的身體與意志。妳在許多方面都很虛弱。妳有許多愚蠢的執著。我必須要使妳掙脫它們，我才能帶領妳到達力量。我們將以一堂歷史課做為開始——在教科書中找不到的。我要妳寫筆記。」

艾格妮斯聽起來很專業，我笑了起來。

「我很認真，琳恩！我要妳記住這個，全寫下來。妳的筆記與鉛筆都在櫃子的上層抽屜裡！」

我拿了它們。感覺自己像個學生，做好姿勢準備寫字。艾格妮斯拿起一根長棍子，指點著。

「看看那個方向……」艾格妮斯說，「永遠不要告訴任何人那個方向，那就像妳的真正姓名一樣神聖！很久以前，神聖的祖先們說沒有白天也沒有黑夜，只有偉大的力量。偉大的力量是中心，偉大的力量是無止盡的泉源。祖先們告訴風的女兒去把宇宙吹出來。偉大的力量躲起來，分化為外甥姪女。他們一起唱著創造之歌。一切事物都與歌聲共鳴——宇宙，銀河，太陽與地球，光明與黑暗，一切都只不過是偉大力量的一首歌。偉大的力量沈睡在一切有名與無名的事物中。」

「許多事物，一切事物，都向祖先們所說的那樣發生。難道永恆不過是偉大力量的一口氣？宇宙的計畫只是空無。所有的時間只不過是偉大力量所射出的一支箭。各種植物的歌，各種動物的歌，人類不同族群的歌。所有的世界都記憶在歌聲中，沒有一個世界會被遺忘。偉大的力量沈睡在一切有名與無名的事物中。」

「偉大的力量選擇了這個循環。偉大的力量舉起雙掌，甜美地歌唱，吐出了七個泡泡。我們所在的泡泡是在中心。輪子已經轉了許多圈，有許多次的遷移。日換星移，山河變動，但是大地之母的龍骨仍然健在。如果兩條腿的生物壓斷了她的龍骨，她就會萎縮死亡。這是最後的限度，即使連她都無法忍受。」

「我與巫醫之樹、回憶之樹交談過。最先出現的是太陽。其次是地球，第三是植物。樹抬起頭來，很孤獨。『我要許多小孩。』樹說。樹的月亮之屋告訴了樹的太陽之屋，樹的太陽之屋使它發生。兩條腿的人類走上許多狼的路徑。人類畫了許多律法。」

「這是在永恆循環中的任何一點，有些人稱之為開始，有些人稱之為結束。」艾格妮斯用她的樹枝指著，「在那裡，有一個島嶼的國度，印地安人稱之為六指人的土地。我稱之為盜賊的國度。那裡所有人都很富足，因為大家都有許多毛毯與食物。沒有人需要任何東西，因為所有東西都在那裡。每個人都有許多東西。每個人都很快樂，受到大海之母的祝福。那裡的天氣很熱——我是說炎熱的要命。熱氣像海浪一波波地衝上島嶼，妳會以為住在島上的生物很遲緩愚蠢。並不是如此。他們是非常緊張與迅速的生物。他們總是在島上跑來跑去。」

「一切事物都有律法。島上的律法是玩耍與尋樂。這就是上面的生物所從事的——偷竊搶劫他們能摸到的一切。記住，如果妳活在那島上，妳也會被扶養成為一個賊。妳從生下來就被滋養訓練。不偷不搶的生物被認為是瘋狂的，但是那也沒有關係。」

「除了偷竊之外，島上的生物也是騙子。妳必須從謊言中拼湊出真實。如果一個島嶼生物告訴妳實話，這或許是意外，或者只是用來迷惑妳。聽起來很複雜，但是這個島嶼國度在許多方面都很先進。沒有什麼謀殺或這類的事發生。也許盜賊的國度聽起來像個壞地方，但是它其實很好。沒有人感到無聊。這些生物都有單純的好心腸。如果能夠單純地撒謊、欺騙、與偷竊，而不傷害到其他人，那麼撒謊、欺騙、與偷竊也會成為美好的事。當他們抓到一個賊時，他們會笑。當島上生物看見他們想要的東西時，它們就會去拿——遵守著律法，那就是律法！妳可以從任何人身上偷任何東西，在任何時間。」

「所以，這些島嶼生物發展出耐心與技巧。他們擅長於藏身低處，隱沒入背景中，等待適當的時間去搶東西。他們是第一個隱形的生物，他們知道隱形的笑。在笑聲中有隱形的力量。他們能忘記自己，也使其他人忘記。他們能融入他們周圍的環境中，妳根本看不見他們。在這個蠻荒的國度中，妳的眼睛要學習去看見許多事。有許多事是隱形的。有許多事不是妳所以為的。如果妳知道如何去看見，整個蠻荒都會改變。但是即使妳有最佳的蠻荒視力，妳也看不見一個島上生物。他們如此精通盜竊的藝術，在遠古以前就成為看不見的。」

「有方法可以接觸這些六指生物。吃某種蘑菇，黃褐色的，上面有大帽子，像個小帳棚。人們曾經挖掘出這神聖的食物大吃特吃，而毫無所獲。他們只會找到綠眼睛的貓。只有高大的男人或女人，視野超出了世俗之外，才能去吃這知識的草藥。但是不要被蘑菇給騙了——那是島上生物所犯的錯誤。蘑菇對他們而言是太高了。他們不得不吐出來，造成天翻地覆的末日。這是他們的過錯。」

「盜賊國度的歡樂時光延續了許久，然後島嶼分裂成二。炎熱的漩渦毫無顧忌地湧起，整個島嶼震動翻騰，然後沉入了海裡，殺死所有人。它未曾再浮起，那個種族的智慧幾乎消失了。」

「煙草本來可以教導他們——他們本來可以預見海浪。這件事會再次發生。人們一點也不知道前往聖壇的途徑，但是我的族人知道會發生什麼事，雖然現在有人說我們希望流血。我們的聖壇能夠預告所有將發生的事。登上這道神聖的階梯，琳恩，向貓獻上煙草。對我踏響妳的步伐，前往那神聖的群山。伏倒在流血的大地上哭泣。」

「如果妳希望知道重要的事，那些島嶼生物沒有準備要死，所以他們的精神繼續存在。他們死時唸誦著偉大力量的名字。要放過他們已經是太遲了，但是島嶼生物從泡沫的湖中被引導上升。那些生物的靈魂聚集為一體，成為一個每隻手有六個指頭的明亮生物。現在他行走於大地之上，成為最偉大的賊。有時候妳會夢見他，他會放一些有力量的東西在妳的巫醫包裹中。如果妳遇見他，他會幫助妳從紅狗那裡拿回婚禮籃。是的，妳若能找到並連接盜賊國度的靈魂，讓它引導妳，這將是妳的好運。那個賊可以成為妳最好的盟友。如果妳在一個月夜裡看到偉大的六指人，妳會快樂地歌唱，雙手觸地，拍著妳的肚子。」

艾格妮斯停頓片刻，我問她這個故事是否真實。她強調說是真的。我問她有關蘑菇的事，她說也許有一天她會多告訴我一些。

「現在，琳恩，」艾格妮斯說，「如果妳見到了六指生物，妳要設法記住他。這就是這個故事的用意，但是現在妳需要知道我的族人，」她繼續說，「這是我告訴妳六指人的另一個理由。妳要知道，有許多世界存在著。在不久以前，一切跟現在都不一樣。大家都做相同的事。人們在記錄、編織、染皮毛……有些人做煙管，有些人做盾牌。他們是偉大的獵人與偉大的戰士，還有偉大的療癒巫醫。但是我們幾乎都是在做同樣的事。妳明白嗎？」

「是的，我想我明白。」我說，使勁地抄寫著。

「當時唯一的不同是我們的作法。有些人做的要比其他人好，但是沒有人喜歡一再做同樣的事。當一件事的精神被捕捉到了，我們就歇手不做了。我們說一個好故事，然後我們就不管它了。我們唱了一首好調子，然後我們就任其自生自滅。但是有一個例外——當一件事物有力量時，我們就保留它。我們保留知識。」

「那時候團體沒有被分開。女人就像男人一樣有力量。如我所告訴妳的，女人是所有力量的泉源。曾經有許多偉大的女酋長，女人和男人一樣是高等戰士。」

「讓我們假裝妳是一個高等戰士，琳恩，在那些時候，每個人都能認出一個高等戰士。大家都會談論妳。他們會說琳恩做了這個，琳恩做了那個，琳恩偷襲了某某人，琳恩從某某人那裡偷了什麼東西……等等。妳的作為與榮譽都是眾所皆知的。所有的高等戰士都彼此認識。高等戰士有許多律法。」艾格妮斯愉快地微笑，「現在想像它，妳是當時的一個高等戰士。」

「最好要記得一些事情。這是在馬匹來到之前，空間的距離都非常遙遠——幾百幾千哩。要走到下一個聚落要走一百哩。即使是騎馬都非常使人勞累。」

「想像妳走到敵人的陣營去偷襲班與小鼓。當妳疲倦時，他們會覺得與妳戰鬥是很無聊的。這樣做對他們有什麼榮譽可言？他們要妳處於最好的狀態，身為一個高等的戰士，這樣他們才有榮譽。而且也要記住，所有的年輕戰士都想要偷襲一個高等戰士。過程是這樣的，族人會把妳放在一個帳棚裡，稱之為敵人帳棚。他們給妳最好的食物與用品。整個聚落都會很興奮，出來見識琳恩，偉大的女戰士。我想在那時候這種事就像是電視與收音機。」

「第二天妳會與小鼓戰鬥。妳穿上妳最好的衣服。妳的刀與斧都磨得銳利。整個部落都在觀看。妳要做的不是去殺掉小鼓，不是去傷害他或割他的頭皮，而是去羞辱他。剪掉他的辮子，或讓所有人看見他是一個懦夫。妳與小鼓展開劇烈的戰鬥。所有人都看得出來妳是較優秀的戰士。他們都看見妳可以剪掉他的辮子，但是妳沒有這麼做，妳剪了他的褲子，剪下一搓陰毛，大家都哄堂大笑……妳轉身背對小鼓，讓他有機會殺妳，但是妳知道他不會。他如果這麼做，就永遠無法成為偉大的戰士。沒有人會尊敬他。一兩天後，妳與班或其他向妳挑戰的戰士戰鬥。在這段時間，妳住在敵人帳棚中，受到禮遇與尊敬。這就是戰鬥。」

「妳也要知道偷竊。偷竊是巫術的姊妹藝術，所有真正的巫士都知道如何竊取力量。力量可以被託付給妳，或被妳所竊取，但是不管如何，妳都要知道如何保存力量。巫士保存某些特定的力量直到死亡，然後那些力量會流回大地之母，回到源頭。在世界上隱藏著許多地方，偉大的酋長會在那裡跳舞求取力量，死去戰士的靈魂會在那裡徘徊。如果妳能找到一處如此的地方，征服那裡的靈魂，妳就可以得到那位戰士的力量，而他會得到極大的榮耀。要能夠如此，妳必須是一個偉大的女戰士。在大地的某些地方，偉大的人如佛陀、基督、瘋馬找到他們的力量。如果妳被給予力量，妳一定要知道如何保存它。如果妳能竊取力量，那麼，要保存它也許就沒有什麼困難。如果妳碰到了力量，但是缺乏勇氣去抓住它，妳就不配做個巫士。現在妳明白為什麼妳必須先有勇敢的心腸，才能去得到力量吧？」

「一個高等戰士首先要竊取的，是一個女人或男人。男女沒有什麼分別，能被高等戰士竊取，對於一個女人或男人而言是一項榮耀。許多婚姻是如此產生的。要記住，在我所說的時代中，嫁娶自己族裡的人是不被允許的。」

「接下來要竊取的重要事物是盾牌，棍杖，弓箭與長矛……等等。一個高等戰士能偷到這些東西固然不錯，但是現在我要告訴妳更偉大的獲得。」

「妳可以看出來，有許多路通往力量。力量主要是從靈視與夢境中獲得，但是現在我希望妳能瞭解，竊取力量也是一項榮耀。要能夠如此，妳必須去竊取偉大的巫醫盾牌，力量之物，與巫醫的事物。但是即使如此，這些事物對妳也沒有好處，除非妳知道如何使用它們。若是誤用，它們會傷害或殺死妳。這是非常大的危險。竊取力量是最危險的，因為如果妳偷了一個力量之物，它的主人有責任要追殺妳。還有更危險的東西可偷。如果妳可以潛伏偷到一首力量之歌或儀式，那麼整個部落的人都有責任要追殺妳。」

「偷竊是高等戰士超越自己，成為巫醫的一個方法。當一個高等戰士竊取到力量時，天空中的戰士們都會露出微笑！」

「假裝妳必須對抗我來得到力量。假裝妳比我還要有力量，妳可以記得其他前世中的我，就像小鼓上次試著殺妳一樣。妳可以用妳的醫藥巫術力量對我施出一擊，偷走我全部的力量。我要怎麼辦？我是一個老女人，但這不是藉口。妳要是能比我強壯，我會知道，我會感到榮耀。我哭泣懇求偉大的力量照顧妳，給妳更多的力量。妳來自於敵人帳棚，我很榮幸。一個女巫醫的榮耀總是來自於她的繼任者。老師會希望自己的知識被偷走。這是古老的作風。現在仍然如此。有知識的人仍然保留著古風。但是現在，一切都不是表面的樣子了。」

「古老的作法是很好的作法，甜美的作法。但是世界的一切都突然改變了。據說有一個人來到一個達科塔的村落，他是村民前所未見的頭一個白人，大家都很好奇。他們不確定他是做什麼的，甚至不確定他是不是一個男人。巫醫們出來瞧瞧他，然後是酋長們。一個巫醫搖著頭說，『如果這是一個男人而不是幽靈，也許他吃了太多石灰了……』

「白人試著告訴所有人，他的前胸快要貼到後背了——他餓死了。但是沒有人瞭解他的語言，而他又不知道如何打手勢，他的情況實在很糟。」

「酋長說：『如果他是一個男人，他一定有奇怪的疾病，也許會傳染。我不想要變成像他一樣的顏色。他快要死了——我們應該殺了他。而且如果他不是一個兩條腿的，只是為了某種理由才變成這個模樣，殺了他不會傷害他……』」

「不管如何，殺死他被認為是一項慈悲的舉動。」

「這時候，有些女人出來看了這個白人，問道，『你們看不出來嗎？他只是個平凡的人，像其他人一樣。給他東西吃，否則他會餓死。給他一把刀，讓他去割一些鹿肉。』」

「我必須告訴妳，在那時候，脂肪是非常神聖的。脂肪是任何動物身上最有價值與重要的部份。如果一個人沒有吃到足夠的脂肪，他會很快就死，而沒有很多地方可以找到脂肪。脂肪是很珍貴的。」

「女人們給那白人一把刀，然後指著掛在附近的鹿肉。白人衝過去割下所有的鹿肉脂肪，大吃特吃。這是我們所看到的第一個白人，那些達科塔族人就叫他『吃脂肪的』。」

「巫醫們看著這個滿臉鹿油的白人，然後互相望著。他們知道一切都完了，他們是對的。拿長刀的來臨了，他們拿走的遠不止鹿脂肪。從此之後一切都結束了，於是今天我們有這個更大的世界圈套——許多國家的圈套。」

「巫醫仍然存在，但是都躲藏起來了。不過真正的知識總是隱藏著，只給予那些夠資格的。必須如此。有許多秘密在妳的時代中曝了光。紅狗是所有這些失落秘密的大師。他知道如何保存力量，以及知道如何竊取力量。他偷了婚禮籃，不是嗎？他說，『誰敢面對我？誰敢打敗我？誰有力量偷我的東西？』在妳的世界裡，所有重大的偷竊都是在紙上發生的。是的，寫下這一切。也許妳應該寫一本關於紅狗的書。這會打擊到他的弱點。他不會喜歡的——他喜歡保持隱密。學習去看見他吧！妳把許多事情看成理所當然，而妳所看見的只是一瞥罷了。一切都是隱藏的。」

「女巫醫是什麼人呢？我們是多重空間的旅行者。不要被困在永恆之中。開始用妳的肚子去思考。有兩隻狗在妳的肚子裡當守衛。牠們的名字是嫉妒與恐懼。一隻狗是很嫉妒地恐懼，另一隻是很恐懼地嫉妒。牠們是保護妳的巫術。」

「繼續使用妳的直覺——只是與問題平起平坐，是無法解決任何問題的。要偷回婚禮籃，妳的追尋必須無情。做妳自己命運的主宰，因為妳必須要實現妳自己。」

「現在妳正進入神聖的群山中，在那裡，熊與白羽毛弓箭跳舞。妳聽過做夢者所說的話。當妳與某種事物連結時，感情也就產生，妳與做夢者已經產生了連接。跟隨正確的途徑，成為一個女人吧！在妳的世界裡，女人已經淪落了……」

艾格妮斯說完了。我停止寫字，喝下最後一口茶。我不知道該說什麼。艾格妮斯離開了小屋，溫暖的陽光射進來。我聽見鳥兒歌唱。

艾格妮斯打開了門。「放下妳的筆記本，跟我來。」她說。

在外面，我們快步走上小徑，轉向左邊，來到一處開滿黃花的草原。蜜蜂與蟋蟀在植物上飛舞，耀眼的陽光溫暖而美好。回到小屋前，艾格妮斯要我在這一天的其餘時間都待在草原中，不要與所看見的事物感覺隔離。我在草原中漫遊，直到傍晚。

當我聽見艾格妮斯叫我吃飯時，天已經幾乎黑了。我聽見她的聲音，立刻跑回小屋，食物的香味美極了。

艾格妮斯盛了一碗熱湯，味道奇異而濃郁。暮色環繞著我們，桌上的蠟燭火光跳動著。一陣微風從門縫吹進來。艾格妮斯坐在床上，縫著一件舊大衣。她沒有抬頭地問我，「琳恩，妳真正想要什麼？」

「妳以為我要什麼？我要婚禮籃。」

艾格妮斯沒有說話。我喝下最後一滴湯，放下湯匙。艾格妮斯把大衣放在一旁，直直凝視我。

「要得到婚禮籃，妳必須成為適當的容器，」她說，「妳必須打開妳的虛空，讓妳所要之物的能量，也就是婚禮籃，可以被吸引到妳的腹部。妳必須成為婚禮籃所想要的，這樣才不會有任何隔離。當妳把自己當成是一個分離的個體時，妳就會阻礙了能量流動，婚禮籃就會打敗妳。」

我被這些話搞糊塗了。「我怎麼能知道我打開了我的虛空？」

「妳會覺察到妳的力量。妳會感覺妳的時間。這是無法避免的。」

「艾格妮斯，我不懂妳的話。我怎麼去學習這一切呢？」

「那正是妳來這裡的原因——學習。」

她把大衣放進她的衣櫃中，走到前院，坐下來。我倒了一杯茶，跟著走出去。艾格妮斯在觀看北極光。金色與粉紅色，它們似乎在世界的另一端舉行一場慶典。我坐在階梯上，觀賞著色彩輝映在這個奇怪的女人臉上，我對她感到一種特殊的溫暖。她的臉是一個痛苦的信使，提醒著我，我所知道的我的生命正在死亡。我甚至無法解釋我有什麼不同，但是我知道我正轉變為一個我不認識的人，就像是陷入了戀愛。

「今晚，祖先們有一個重要的禮物要給妳。我將要把妳的醫藥巫術給妳。」艾格妮斯拍拍旁邊的地板，要我坐得靠近些。「如果妳是一隻動物，妳要成為什麼？」

我感到困惑。「妳總是問我一些我不知道怎麼回答的問題。」我想了幾分鐘，然後說，「我總是喜愛馬兒，或者也許是一隻鹿？」

艾格妮斯對我微笑，「妳是一隻黑狼。」

她觀察我的反應，然後伸手摸我的前額。「喚醒妳自己！」她移開手指。她的碰觸帶給我全身一種奇異的感受。「妳是一隻黑狼，而不是白狼，因為妳披著黑色的沈思斗篷。如果妳是一隻白狼，妳會較外向些。妳穿過原野尋找你所要的，然後回到族群中，蜷臥在陽光下思索著。妳是一隻孤獨的狼，但是卻畏懼孤獨。讓我告訴你一個故事。」

「在世界開始形成時，酋長們派小狼們出去探索衡量這個世界。牠們走遍了世界的小徑，然後說，「這就是這個，那就是那個。」狼的醫藥巫術就是探索與衡量。狼是很好的數學家，只要牠們想要。如果妳與妳的巫術是一體的，妳就永遠不會受到欺騙，因為妳走遍了所有的小徑。這是非常有力量與富催眠性的巫術。

「我要給妳一個例子。狼在清早時來到河邊。牠看見牠的早餐在那裡游泳，於是牠沿著河岸跳舞嬉戲。所有的鵝都著迷地看著。牠們朝跳舞的狼游過去。當鵝夠靠近時，牠跳入水中，殺死牠所需要的鵝——牠的巫術是非常危險的。一個獵人如果能設陷阱捕獲即使一隻狼，他就算是十分幸運的，因為狼會把獵人的伎倆教導其他的狼。如果妳是一個獵人，獵狼是不可能的。妳無法去獵殺妳自己的巫術。如果妳做了，會有極大的麻煩。

「狼群創立了第一所學校。牠們是最早的老師。狼的生活方式使牠們的族群強壯。牠總是會提供食物給年老體衰的狼，牠也訓練幼狼，保衛自己的領域。牠的行蹤絕不像其他動物。牠有耐力，能夠很長一段時間不吃東西。狼是很強的巫術，妳要記住：不是我為妳選擇了狼，而是——妳就是狼。」

艾格妮斯向後靠。

「我開始明白了……妳碰觸到我內心深處，」我說，「我的確感覺自己有點像狼。我喜愛去發現新的小徑，我覺得在我的中心有一種新的覺察。荷耶梅約斯特．巨風一定知道我的巫術，因為他給了我一塊狼皮。這些狼巫術有什麼用呢？」

我向後靠著柱子，很驚訝地感覺到我多麼像狼。

「醫藥巫術的目的是療癒力量。妳去看心理醫生，他說妳的腦袋有問題。他能幫助妳內省，學習妳自己的性格。但是原住民們好幾千年來觀察了四條腿的、有翅膀的……以及所有自然的力量，我們知道妳最親近的血緣。當我告訴妳，妳是一隻黑狼時，妳看入妳自己，知道妳真正是什麼。當妳瞭解了黑狼的力量時，妳也會擁有那些力量。所有的療癒巫術都有力量。白人會說，『我不是一條蛇，我不是一隻松鼠，我是很重要的生物。』他們隔離了自己，這就是他們的悲劇。」

艾格妮斯凝視著我，她的眼睛反映著北極光的變幻色彩。我的心思索著這個新知識。我從口袋裡拿出那塊狼皮，感覺它的柔軟。艾格妮斯突然站起來，我們走進小屋。

「打掃一下這個房子，」艾格妮斯說，「盧碧與七月很快就要來了。我們要一起在溪邊的悶汗小屋中做一次悶汗儀式。妳的這一次經驗有許多意義要學習。」

「悶汗小屋的用意是什麼？」我問，感到緊張。

「我等一下就會說——很有關係。悶汗的用意是淨化靈魂與身體，與偉大的力量溝通。今晚，我要妳去傾聽妳的巫術——妳的黑狼自我。透過這種淨化，妳會找到引導與新生。」

艾格妮斯告訴我許多關於悶汗小屋的意義。

「我們要迅速行動，」她說，「如果妳要去紅狗那裡偷竊婚禮籃。今晚，在妳的靈魂淨化之後，我會以某種方式來畫妳的身體，我們會跳舞進入心靈的世界。妳會與妳的狼巫術合而為一，妳會知道它的力量。妳會跳到一處地方，充滿了妳的狼能量。那是妳的一個力量之處。想想這些事，如果妳真心想要力量，妳所能做的是臣服於它。」

我們來到外面，北極光閃射出火紅，綠與藍白。在遠處，我可以聽到笛聲。一會兒後，我看見一個老女人與一個女孩的身影從黑暗中出現。

「我幾乎要忘了悶汗儀式，」盧碧說，「但是我們來了……」雖然走了這麼遠的路，她似乎一點也不累。站在她身邊，我感覺到一種奇怪的不安。

艾格妮斯像母雞趕小雞般催我們走上通往死人溪的小徑。我從車子裡拿了我的毛巾，空氣裡帶著潮濕的生氣。

盧碧與艾格妮斯在前面咯咯嘻笑著。七月就像馬兒油彩一樣穩健地跟在後面。我瞥見遠處有一個土堆，我以前沒有看見的。當七月與我走到時，艾格妮斯要我坐下來，保持安靜。

「妳只要看著我們生火燒熱石頭，想成是永恆的火焰，要以神聖的方式來生火，藉著火，我們都能得到淨化，接近力量的泉源，然後妳神聖地坐下來做夢。」艾格妮斯讓我坐在溪邊的泥土。

我看見盧碧把七月的笛子放在艾格妮斯的煙斗袋子旁邊。七月很溫馴安靜，這讓我很驚訝。我們併坐在荒野中。北極光比較平靜了，夜空中的星辰是無數明亮冰藍光點。似乎更黑了。火焰嗶剝燃燒著。黃色與橘色的火焰跳躍入夜晚中，空氣停滯而凝重。艾格妮斯坐在火邊，臉孔沐浴在紅光中，她開始輕輕拍打她的鼓，吟唱起來。她唱了許久，然後開始祈禱。

幾分鐘後，盧碧說，「喝！」艾格妮斯走到土堆旁，把她的煙斗放在地上。在她的指示下，七月與我脫掉衣服，進入小屋中，入口只有四尺高，必須低頭才能爬進去。我在裡面對偉大的力量沈默地祈禱。艾格妮斯大聲地祈禱，然後我們面對著太陽的方向。接著我坐在門邊，面對著艾格妮斯。我們都沈默著。空氣中充滿了艾草的香味。

較早時艾格妮斯告訴我絕不要小氣，要去想最高的，回憶一切事物的良善。當我們坐在黑暗中時，我試著這麼做，唯一的光線從門外照進來。火焰在外面跳躍著——

盧碧生起了一把大火。她把煙斗遞給我，我把它放在我面前，如艾格妮斯所指示的，煙嘴朝著西方。然後，盧碧用一根分叉的大樹枝，把一塊火紅的岩石移到悶汗小屋的中央，一個挖出來的座台中。我的膝蓋幾乎碰到它。

盧碧以克利語說了一些話。

艾格妮斯指示我用煙斗的煙嘴碰碰石頭，然後我們都以克利語表達感謝。

盧碧又移來更多的石頭，四個方向各一塊，還有一塊給大地，一塊給天空。艾格妮斯要我把煙斗呈獻給天空，大地，與四方，然後點燃它。我抽了幾口煙，讓煙霧瀰漫在我四周，然後我把煙斗遞給左邊的七月。她抽了幾口。艾格妮斯也抽了，把它遞還給我，要我仔細地把煙灰清理到神聖的座台邊緣。然後她要我把煙斗遞還給她。她把煙斗舉在座台上，煙嘴朝西，然後移到神聖的東方，站在門外的盧碧接過了它。

中央的石頭堆發出火紅的熱。屋子很小，也許八尺見方，用樹枝與獸皮架成的，像個翻倒的籃子。突然間，盧碧關上入口的門簾，把一張毯子蓋在上面。我們陷入黑暗中。艾格妮斯曾告訴我，這代表著靈魂的無知與黑暗，我們必須要加以清理，才能重見光明。

我在黑暗中聽見艾格妮斯的聲音。「在儀式中，入口會打開四次，提醒我們，我們在四個年紀時接受到光明。」她開始用克利語對力量做了很長的祈禱。「地底的閃電，地鼠！」她說。然後她用一個木杯灑水到石頭上四次，搖著她的老鷹扇子，同時對祖先們祈禱。

有香氣的煙霧嘶嘶冒起，嬝繞盤旋。屋子變得非常熱，我被屋內的黑暗所壓迫——濃密，漆黑，而沈重。然後艾格妮斯叫喚威士忌·傑克，或者明亮晨星天空，然後灑了四次水。我把我的頭放在膝中，這樣呼吸順暢些。然後她叫喚彩虹，接著叫喚老鷹，而後唱了一首悲戚而優美的歌，很有感情。我開始哭泣……我以為熱度到了某種程度就會停止，但是它繼續上升，繼續增強，幾乎無法忍受。紅熱的石頭像是大地的閃爍眼睛。艾格妮斯叫喚她的變化力量——鹿群——然後又灑了四次水。我發現我正在大聲祈禱。汗水如雨般流下，流進我的眼睛中，我與強烈的熱融合在一起。

盧碧掀開毯子與門簾，一陣涼風包圍了我們。火堆在我們黑暗神聖的洞穴中投射怪異的陰影。我被突然的光亮弄得分不清方向，但是我很慶幸能夠呼吸。艾格妮斯傳來一杯水，我們都用水擦拭身體。我感到謙卑與感恩。

門簾又被關起來。我感覺七月正在前後搖晃，低聲呻吟著，然後她開始劇烈啜泣。我開始幻想著世界上的痛苦。我不知道是眼淚還是汗水流下我的雙頰——我幾乎無法呼吸。我陷入一個悲哀與放任的黑洞中。一陣霧飄起，瀰漫在四周。

「琳恩，」艾格妮斯說，「妳以一個彩虹女戰士的方式來到我這裡。妳是印地安世界與白人世界中的一道橋樑，在這個偉大烏龜島嶼上的一座橋。當妳知道妳自己，妳就會知道妳的道路。當妳知道妳的道路，妳就知道權威。當妳知道權威，妳就會看見力量。當妳看見力量，妳就能看見人們。」

接下來她教導我呼喚狼，我的巫術。然後她說，「現在我要教妳唱妳的歌！傾聽它，與我一起唱……」

我閉著眼唱著時，一個藍綠的輪子出現在我的眼皮中，剛開始時向右轉，然後向左轉，催眠了我。我看見了一個異象。我站在小屋外，面前是一個老女人與一個小女孩。

「妳們怎麼會在這裡？」我問，「妳們是誰？」

「所有的道路都通向中心——所有的力量。」異象消失了，我又回到小屋中。

我聽見艾格妮斯問，「妳看見了什麼？妳到了什麼地方？」

我告訴她。

「那是狼女孩與她的祖母，」艾格妮斯說，「她們說了什麼？」

我告訴她。

「是的，所有的道路，所有的宗教，都回到中心，與良善並行。」

「但是我不知道那老婦人與小女孩是什麼人。」

「她們是狼巫術。」

「那是什麼意思呢？」

「讓我這樣回答妳，我的女兒。愛是一個好嚮導。知識是一個好嚮導。分享是一個好嚮導。自我學習是一個好嚮導。我不需要相信才能知道悲哀——當我悲哀時我自然知道。我不需要相信才能知道愛——當我愛時我自然知道。我不需要相信才能知道愉悅——當我愉悅時我自然知道。我就是在這裡！所以不要相信妳只是人。去瞭解自己，有許多療癒巫術存在著。」

「妳的話讓我感覺很好，艾格妮斯，但是它們沒有連接到我的頭腦。」

「妳曾經有過一個小孩。」

「是的。」

「妳不只是在頭腦中有小孩。妳的小女兒是在妳的全身之中——而不只是妳的頭腦，讓她誕生！」

我感到一陣無助，像是被繩索繞住，無法移動分毫。我想要尖叫逃跑，離開這折磨人的熱與拘禁。我用意志使自己放鬆，然後，奇蹟似地，黑暗開始與我一起呼吸。石頭的紅光與我的心跳一起脈動著。我的身體似乎融化了，我的手奇怪地交握著。我想要分開手指，但是它們奇怪地扭曲著，像爪子一樣，我無法動彈。我向前傾，頭歪向一邊，當我在霧氣中眨眼時，我的臉感覺凍結了。我的嘴唇向上翻，露出牙齒。我在哮吼著——一切界線都消失了。我感覺到肚子下面的鬆軟黑毛。我是一隻原始的母狼，我抬起頭，無聲地號叫著。

艾格妮斯輕聲說著克利語。我無法瞭解她的話，但是我知道她是在安慰我。門簾又被打開，然後關起來。我完全被狼的精神所佔據，只有狼的感官存在。我蹲在我的幼狼身上，牠們在黑暗的泥沼哭泣。然後我不知道接下來發生了什麼事，但是不久後我聽見溪水的聲音。艾格妮斯坐在我旁邊。

「今晚妳得到了聖寵，琳恩，」她說，「妳的狼性非常有力量。」

我開始恐懼地顫抖。「我無法彎曲我的手指，然後我真的變成一隻狼。」

「別擔心。我很高興，」艾格妮斯說，「做夢者是對的。妳是最適合去偷婚禮籃的女獵人。」

我慢慢恢復生氣。我的頭髮濕答答地垂著，艾格妮斯把一張毛毯披在我的肩膀上，聞起來有雪松的味道。溪水的聲音變得清楚。我想要站起來，但是艾格妮斯阻止了我。

「在這裡坐一會兒。」

艾格妮斯加入盧碧坐在火旁，與她一起打鼓。在黑暗中，我只能看見她們的輪廓。

一輪銀色的新月出現在山丘上，光芒柔和地灑落天際。七月坐在溪邊，注視著水面上平靜的月亮倒影。一朵夜晚開放的花朵香氣瀰漫著。

「來吧，」艾格妮斯對我說，「我們要在木屋中進食，然後要準備妳的舞蹈。」她突然走上小徑。我跌跌撞撞地跟著，忘了我的疲勞。

「妳說什麼，艾格妮斯？我的舞蹈？」

艾格妮斯含混地回答「是的」。我退回去照顧七月，她又開始吹起她的笛子。

我們在小屋中吃了東西後，我躺下來休息，隱約覺察盧碧與艾格妮斯走了，我在窣窣的樹葉風聲中入夢。我夢見我被困在一個巨大的婚禮籃裡，無法出來。每次我試著從籃邊爬出來，都會滑下去。

「醒來，琳恩。」艾格妮斯說，搖著我。我很高興能結束那個夢。

「籃子！我又夢見它了。」

「我知道妳在夢見什麼東西。妳看起來很滑稽。」艾格妮斯微笑說。

盧碧也傾身向前，好奇地對我微笑。我很緊張——盧碧從來沒有對我笑過。真是不可思議，那張歲月侵蝕的笑臉。

艾格妮斯握住我的手臂，拉我到外面。一定已經過了午夜。

「這是妳的一個神聖夜晚。把妳自己放在神聖的道路上，如我所教導妳的，我們很快就會到達力量。傾聽妳的表兄妹們的歌唱，我很快會回來。」

艾格妮斯進入小屋中，留下我站在那裡。狼群在山中號叫著。七月在睡覺，但是她仍然背靠著柱子。我看著風中搖晃的樹，坐在台階上等待著。

幾分鐘後，艾格妮斯與盧碧出來。我們走了一段路，進入一個杉木樹林中，然後突然右轉，穿過兩塊龐大的岩石之間。我們腳下的卵石碰撞聲打破了夜晚的寂靜。狹窄的小徑穿過了更多的巨石，我感到暈眩與迷失。艾格妮斯與盧碧非常靠近我，我可以感覺到她們的呼吸。

不久後，我們來到一處曠野，空氣中有不同的氣味。我發現那是硫磺，或很像硫磺的氣味，混雜著濃厚的雪松與鼠尾草香味。我們轉了一個彎，來到一個顯然已經燃燒一段時間的火堆。盧碧加了一些木柴，使火焰又跳躍起來。

我環顧四周，我的視線似乎有些部份不清楚。艾格妮斯帶領我到火邊，她在那裡鋪了一條美麗的老印地安地毯，上面是紅黑色的暴風圖案。附近有一條冒著蒸汽的溪水。

「脫掉妳的衣服，琳恩，坐在火邊的毯子上。」艾格妮斯說。

她離開讓我脫衣服，然後帶著兩個陶罐回來，裡面有樹枝。盧碧在我後面唱誦著，艾格妮斯祈禱著，低沈地打著鼓。她們的聲音形成一首美麗的歌，以神秘的言語傳送到樹林深處。我希望我聽得懂她們的古老言語。

木炭通紅，火焰隨著微風而跳躍。我的赤裸皮膚感覺到熱。毯子很粗，編織的很緊密。盧碧與艾格妮斯在我兩側跳著舞，艾格妮斯靠近我時會在我耳邊搖著響器。我很興奮，但是仍然不知所措。盧碧來到火堆對面，繼續敲打著鼓，輕聲唱著。

艾格妮斯坐在我對面。等待片刻後，她說，「我們帶妳到這個神聖的地方。這是一個隱密的地方。妳在這裡將經歷一個重生，因為妳將被紋身，永遠被改變。被描繪了之後，妳會與妳的狼巫術開始一個新關係，妳會負起新的責任。」

艾格妮斯把她的手指伸入一個陶罐中。她碰碰我的頭中央——感覺很濕——她畫了一條線。

「這個紅漆是給女人的，」她說，「紅線連接妳與大地，一切事物滋養之處。」

艾格妮斯穩定地在我眼睛下又畫了兩條紅線。顏料很冰冷，有花朵的香味，有一會兒我竟感覺灼熱。

「偉大的力量，是你的旨意要這個女人來這裡被紋身。讓她在這個古老神聖的地方重生，就像在你的悶汗小屋中一樣。當我以神聖的方式描畫她時，請再一次讓她得到潔淨，讓這個年輕的女子與她過去的痛苦分離。」然後她要我站起來。

我迅速跳起來。艾格妮斯用紅漆把我的腿畫到膝蓋。我站在那裡面對火堆，對一切渾然不覺，除了艾格妮斯的舉動。她在我的左手臂上畫下波浪線條，接著畫我的右手，然後她繞了我走四圈。

「今晚我們召來了死亡，」艾格妮斯又面對我說，「這個力量現在與我們並存。我們殺害了那麼多東西。現在妳步行在神聖的道路上——妳開始新的旅程。我歡迎看顧我們的力量——遠方的守護。在妳手臂上的線條象徵著彩虹，做夢者的弓。」

我十分平靜，用心觀察著艾格妮斯，我的眼睛閉著。我很深切地感覺到每一個筆觸。我睜開眼睛，看到眼淚流下她的臉頰。她伸手拾起一塊折疊的鹿皮，用雙手舉起來呈獻給我。盧碧的鼓聲在我胸膛裡迴響，彷彿在推動著我。

「穿上這個。」艾格妮斯說。我接過鹿皮。「這是一件衣服與一雙鞋子。當我還是個女孩時穿過它們。今晚妳穿新的衣服，因為妳是一個新的女人。」

我小心地穿上它們。這套衣服很華麗，有玻璃珠在火光中閃爍，像是一粒粒的黃金。上面有種種圖案與象徵編織在刺蝟的針上，袖子與裙邊垂著穗飾，它很合身，還有那雙有珠子的鹿皮鞋。

「妳在接受女巫醫的傳統訓練，」艾格妮斯說，把手放在我肩膀上。「這些衣服會幫助妳學習。」

「羽毛將是妳的門徒訓練的象徵。」她繼續說。

我把頭轉向左右側，讓她能在我的頭髮上插兩根貓頭鷹羽毛。我產生了一種女性的溫柔，沈靜而順從。我處於一個激烈震盪的泡泡中，飄浮在空間中。我忘了這個世界。

「坐下來，琳恩。我要告訴妳有關我自己老師的故事。我曾經結過婚……在很久以前，我有過一個女兒。北方的冬天有時候很殘酷。在冬天的某一天，她跑出小屋去玩雪。她很小，我的女兒，只有四歲大。我們的狗群被訓練得很凶猛。在我來不及阻止之前，牠們就殺了她。我們把她帶回小屋中，整晚陪著她。我曾經打算把妳現在穿的衣服給我女兒。現在我把它們給妳。我的女兒的名字是——小黑狼跳舞。她死了後，我曾經時常望著東方，日出之處，試著把我的女兒還給大地之母。也許我一直留著這衣服，因為我無法放她走——我美麗的小黑狼跳舞。然後我望著西方，日落之處，但是我也無法送走我的悲哀，直到現在。如同大地是我的母親，我是妳的母親。現在我有了一個新女兒。我的家人，我的族人，都會接受妳如己出。我的小狼又可以活在妳之中了。」

我無法忍住我的眼淚。艾格妮斯拍拍我的手臂，繼續說，「那是在我懂得任何事之前，那時候我覺得巫醫一無可取。不久之後，我的丈夫在一次伐木的意外中喪生——我想他是因為過於傷心。我的悲哀再也難以忍受。於是我去找了一個女巫醫，她教導我一切。力量來到我身上，我得到了我的名字，意思是『知道秘密的人』。」

「在那之前，我不在乎我的生命，以及發生在我身上的事。當時我不瞭解，但是在那種放任中有很大的療癒巫術。我聽說女巫醫可以回答任何問題，我要人解釋我為什麼有這麼多悲哀。神聖的老女巫醫以問題來回答一切問題。她看起來彷彿一無所知，直到我瞭解了她是活在神聖藥輪的中央，有力量隨心所欲改變一切事物。我花了好幾個鐘頭告訴她有關我死去的女兒。當我說完後，問她為什麼小黑狼跳舞會死，她問我，『誰要知道為什麼誰會死？』」

「那女人是我的老師。許多年後，她把她的醫藥療癒巫術教給我，然後她離開了，快樂地過世。她是個見識過一切，明察秋毫的女人。我敬愛她，她的生命繼續存在於我之中。我不知道如果她沒有教導我，我會有什麼下場。因為她，我的生命有了目標。」

艾格妮斯凝視我，我一直哭，直到不再悲傷。我站起來，艾格妮斯與我離開火邊。我的新鹿皮鞋很合腳，我可以感覺到腳下的泥土。艾格妮斯帶著兩個響器。她停下來，跺了幾次腳，然後突然跳起來，在空中轉了一圈。她開始彎腰在我四周頓足繞圈子。我看得入迷。她的步伐穩健，就像一隻狼的腳步——完全像一隻狼。她的眼睛瞄著我——像隻野獸般齜牙咧嘴。她用臀部碰碰我，然後站在一邊號叫起來。我產生一股衝動，也回答了一聲號叫。這聲號叫中帶著渴望，似乎傳得很遠，聽起來不像是人叫的。

然後我胸中有某種東西被扯裂了。也許是因為鼓聲停止了。我聽見喘息聲。

「對四個方向深深吸四口氣。」艾格妮斯以怪異的咆哮聲說。「抬起妳的頭，把兩手握拳放在妳的臉頰。不要看我。」

我照她的指示做。

她的聲音很令人畏懼。「再做一次，這次把雙手向後伸，吐出妳的氣。當妳吐氣時，把能量從大地中拉起來！踏妳的右腳來竊取能量，不要犯錯，狼群都知道這個地方，妳也可以！把妳的頭擺到左邊，右邊，然後中間……很好、現在到西方去，像隻狼一樣低吠，開始慢跑……」

我儘可能遵照她的指示。鼓聲開始響起，我開始低吠慢跑，感覺我的腳指在身下伸展開來。我們轉向到東方，我的手臂擦到我的臉，感覺到臉頰有毛髮。我的耳朵朝前伸出。我的眼睛追蹤著想像中的獵物。我們快跑然後慢跑——速度很穩定——朝向北方，然後朝南方。在一座山丘的頂端，我們停下來號叫，但是與我在一起的不是艾格妮斯。我只看見一隻狼——在黑暗中的一個奇怪姊妹。

鼓聲停止了，咒語也破解了。我的牙齒縮了回去，爪子也不見了，然後艾格妮斯似乎改變了形象，以後腿站了起來，又恢復平常的她。我自己的身體也出現了。我幾乎跟不上艾格妮斯的步伐。我們來到了溫泉，她脫掉我的新衣服，把我推進熱硫磺水中。水被我身上的顏料染成紅的，彷彿自然的威力使它流血。

「洗掉它。」

我洗了，爬出溫泉，躺在水邊，麻木地望著群星。艾格妮斯把毯子丟到我身上。

「來吧。」她說。

我帶著我的美麗衣服，穿上我的鹿皮鞋，回到小屋中。當我爬進我的睡袋時，天已經快亮了。

Part 8

療癒巫術的目的是力量

——艾格妮斯·呼嘯麋鹿

「我要妳做一個狼娃娃。」艾格妮斯第二天說。

我正坐在桌旁，喝著草藥茶。「狼娃娃？」我問，「妳是說一個狼玩偶？」

「妳可以叫它任何東西，只要它是隻狼一般的娃娃。妳可以用陶土、乾草、木片、獸皮……或任何其他東西來做，妳甚至可以去刻一個。」

「它要多大？」我問，頗興奮可以做自己的祭祀物。

艾格妮斯用手比著或大或小。「大小隨妳高興。它會在許多方面幫助妳。妳必須時常回憶妳的巫術舞蹈。裡面有妳所覺察到的母性力量，以及某些需要妳保護的力量──做夢者把妳夢醒了。現在，把那些夢與力量變成實質的形式。妳可以使用它們，它們也會告訴妳許多事情。設計一個狼娃娃，做為世界和世間之間的橋樑。等妳做好後拿給我看。」

艾格妮斯轉身走開，不理會我。我所收藏與買賣的印地安娃娃們出現在我腦海中，我拿起一把刀，與一些午餐的食物，走上小徑去找馬兒油彩。我想到牠的黑色長尾巴。這一天很多霧，正好可以讓我做白日夢。我很快走上一個山坡，岩石與青草的陰影在我四周遊移。朝南方草原的小徑被模糊的樹影所遮蔽。我聽見翅膀在頭上樹枝間的拍打聲。

我來到了濃霧瀰漫的草原，找到了油彩，牠的馬蹄消失在地面上的霧氣中。

我剪了牠的一些尾巴來做狼娃娃，然後在霧中晃蕩了這一天的其餘時間。我在泥土中打滾，爬到樹上，尋找羽毛、樹皮、獸毛……任何不尋常的東西。我在死人溪旁邊找到一塊相當軟的木頭，隱約有一個狼的身體與四條腿。等我刻好後，它大約六吋長，在一端有一個號叫的狼臉。我拿了一些我找到的皮毛草木，做了一束閃電，把它紮在狼的肚子上。馬的毛做為尾巴，我把夜鷹與熊的象徵刻在狼背上。我在艾格妮斯的小屋中找到膠水與一塊鏡子碎片，我把一些貝殼碎片黏在狼嘴上，做為獠牙，把兩塊鏡子做為眼睛。我壓碎了一些紅莓，把汁液塗在狼身上，看起來像鮮血。鳥的指甲做為狼爪。當我一點點地黏起這些東西，把力量注入新的狼身之中，它開始產生令人畏懼的外表。我發現自己一邊做，一邊唱著一首奇怪的歌——我唱了一遍又一遍，然後才發覺自己在吟唱，那是一首夢中的歌。

黃昏時，我的狼娃娃完成了。他凶猛而恐怖，但是也有一種似鳥的特質。這表示他可以在世界之間飛行——他優遊於大地與天空。我不知道我為什麼要以「他」來稱呼它，但是他似乎是男性的——也許因為他很強壯威武。我欣賞了他一陣子，把他摟在懷中，然後漫步回到艾格妮斯小屋中。

「讓我瞧瞧。」艾格妮斯在我還沒有開口前就說，「把它放在桌上。」

我把玩偶放下，它似乎佔據了整個房間。艾格妮斯繞著它走，點著頭，她的眼睛閃耀著神秘的光芒。

「妳能告訴我什麼樣的人做了它？」她問。

「我做了它。」

「如果不是妳做的，妳能看出什麼？當我看到這樣的東西時，我知道是什麼人做了它。在這裡，是妳做了它，所以它是妳自己知覺的完美反映。」

「它只是個娃娃。」我說。

「不，它不只是一個娃娃。我看出是什麼人做了它。如果我以前從未見過妳，我也會知道做它的人是一個女性。她是個白人，對於狼與動物所知有限。當妳做它時，妳是在對我展現妳的真實本質。妳是一個有許多面具的女人，妳沒有理由對我假裝……」

「我沒有假裝任何事！」我抗議。

「有！妳有。妳假裝尊敬我，因為我有東西可以給妳。但是妳其實認為我配不上妳在加州的世界。」

「艾格妮斯，妳真是的……」

「沒錯，那就是妳對我的真正想法。妳懷疑著這一切對妳會有什麼代價。妳懷疑著有一天我會從巴士站打對方付費的電話給妳。妳認為妳要比我們這裡優越多了……」

「艾格妮斯，如果妳是這麼想，為什麼妳要讓我留下呢？」

「我不是這麼想妳。我知道妳就是這樣。妳希望我不會出現在妳的家門前，因為妳不知道要如何對妳的朋友解釋我。妳認為我無法應付妳的刺激生活與光鮮的朋友，對不對？」

「嗯，我想我是有想到這些事……」

「妳怕我不會對妳的世界感到好奇，或知道什麼是什麼。妳對我的穿著，我的貧窮，我的舉止，我的一切都感到羞恥。」

我抱怨道，「艾格妮斯，我想妳這麼說我是不公平的。」

「這個狼娃娃告訴我所有我需要知道的。難道妳害怕如果妳告訴了我，我會受到傷害？妳需要用這個狼來告訴我？」

「妳只是在亂猜！妳不可能看出這麼多……」

「妳喜愛好食物。妳為了美感而收藏——這些很容易。我可以馬上看出來。妳有幽默感——這也很容易。妳喜愛生活在一個妳覺得美麗的環境中。妳等不及要回去妳所熟悉的土地。妳等不及要回去妳可以購買事物的地方——購買舒適、食物、服務……」

「這有什麼不對？」

「沒什麼，但是在這裡妳必須去掙得！」

「妳還從狼娃娃身上看出什麼，艾格妮斯？」

「我要考考妳，看到這些皮毛是如何纏繞的？」

「嗯……」我仔細瞧著。

「妳能從這上面告訴我什麼嗎？」

「我不確定……」

「做它的人是右撇子，因為它是向右纏繞的。做它的人也是個完美主義者——打了許多次結。還有，妳為什麼從馬尾巴上拔毛，而不拔鬃毛？」

我很驚訝艾格妮斯知道這個。「我不知道……我只是覺得這樣比較適合。」

「我也這麼想。」艾格妮斯笑著說，「妳可以成為一個真正的女巫醫。」

我也笑了，但我不完全瞭解其中的幽默。

艾格妮斯繼續說，「這個娃娃讓我知道妳的一些妄想，妳認為重要與有意義的，以及妳願意為之赴死的。妳完全不懂食物的意義，以及有尊嚴地殺死一個朋友。這個娃娃告訴我關於妳對世界的觀點。它告訴我妳要什麼，不要什麼。妳看不到妳的死亡，妳無法以完全的方式來面對死亡——如一個宇宙的好女兒。女獵人絕不會為死亡找藉口。」

「在生命中只有兩種選擇，」她繼續說，「妳可以像一個害怕的妓女一樣死亡，或者妳可以活得像一個有尊嚴的女獵人，死得像一個女獵人。當妳的眼睛看到那些最偉大的女獵人時，妳可以說我準備好了。當狩獵開始時，我很勇敢，我追蹤我的獵物，適當地殺死牠。我為我的族人供給食物，我吃我的獵物，有尊嚴地對待牠。我為了妳而行動，我代表了妳的意志。我明白我靠妳而活，現在我是妳的獵物。我們是一致的。我準備與妳一起到力量的世界中狩獵。」

「妳把我看成是一個膽小鬼？」我問。

「妳不是個危險的女人。在某方面，妳就像一隻被剪了翅膀的鳥——無意義地拍打妳的翅膀。我看到了一個需要許多意志與勇氣的女人——真正的勇氣。妳不像妳外表上那麼單純。我所看到最悲哀的事是——妳喜歡認為妳很重要。對我而言，我比較喜歡用這種自我重要感來愚弄自己。」

「妳怎麼成為重要呢？」

「向妳的死亡學習！」

「我不明白……死亡與重要有什麼關係？」

「有很多關係！去接受妳的死亡，成為危險的女人，然後得到力量……」

「等一下，我完全搞糊塗了。妳要我去死嗎？」

艾格妮斯大聲笑了。「很好笑！」她嘲弄我，「我無法阻止妳赴死，琳恩！不要再裝傻，去看看真實的事物。人們可以因為不同的理由而使妳覺得他們很重要。妳畏懼他們，因為他們似乎有某種力量。但是如果妳知道妳的死亡，妳就能夠看出來哪些人有真正的力量，而很少人有！當妳接受了妳的死亡，妳只會變得很危險，然後任何事物都無法阻止妳的危險。妳必須學習去看清醒的人，一個危險的女人可以做任何事，因為她會做任何事。一個有力量的女人可以做出不可思議的事，因為她屬於不可思議。一切都屬於她，任何事都是可能的，她可以追蹤她所看見的異象，然後使異象成真，這樣她就獵殺了她的異象。」

「妳在說什麼？妳要教我如何死亡，我才能去偷婚禮籃嗎？」

「我要教妳如何狩獵，這樣妳去追尋時才有機會。妳不能漫無目的地亂闖，不知道要做什麼，妳要去獵取食物來滋養妳自己與其他人！如果我成功了，妳會成為非常危險的人。」

「妳為什麼要我做一個狼娃娃？」

「我要讓妳知道，任何事物的存在都是有理由的。刻意去製作的事物是反映出製作者的鏡子。妳可以仔細觀察任何事，發展妳的知覺。正確地觀察，事物會對妳說話。當妳知道夠多時，妳可以從一個人如何拿東西來看出這個人。妳可以從獵人如何生火來看出這個獵人的一切，就像妳從一隻鳥如何築巢看出鳥的一切。當妳觀察一樣東西時，妳可以看出它有多少中心。一個真正的力量之物有一個中心。妳會被那些事物所吸引，而妳不知道為什麼。」

「這些事與婚禮籃有什麼關係？」

「我們直接和間接地談了許多與偷竊有關的事情。妳要先學會這些，才能有效地偷竊。妳必須成為一個女戰士。妳明白嗎？」

「我明白——是的。」

「在妳成為有效率的女戰士前，妳必須成為專精的女獵人——偉大的女戰士首先要成為偉大的女獵人。」

「我需要知道什麼，才能成為有效率的女獵人？」

艾格妮斯笑得像個小孩。「需要知道的可多了！而且妳也無法無所不知。妳要知道，身為一個女獵人是非常複雜的。聽著，有許多生物可以獵殺。如果妳知道怎麼做，妳也可以去獵捕一個力量。妳可以做力量的陷阱，也可以做陷阱去捕水寶寶，但是妳必須知道如何把它們做成食物。在目前，力量躲藏妳——妳以為它們只存在於妳的想像中。但是這種想像會與妳作對，甚至殺了妳，假如妳不知道如何直接面對它！如果妳捕捉一隻兔子，這是一回事；如果妳捕捉的是一隻大灰熊，這完全是另外一回事，兔子與灰熊是完全不同的獵物。不要以為兔子是無害的，我發現過兔子可以輕易殺死一個人，幸好即使一個好獵人也很少遇到這樣的兔子。如果妳想要殺這樣的兔子，牠會踏牠的後腳，然後世界會消失，而妳會死。灰熊也不是愚蠢的獵人能對付的。甚至連馴鹿也不可低估，據說有些馴鹿能擾亂心智，使獵人發瘋。如果妳獵取的是肉，妳絕不可以浪費，連骨頭都不可以！被獵取的肉有一種力量，能使妳強壯。被奴役動物的肉則不需要負責，那種肉嚐起來甜甜的，但是它會使妳肥胖懶惰。妳必須在肉體的世界與心靈的世界都得到平衡，然後這兩種平衡必須要再平衡。」

「妳能從食物中得到這兩種平衡嗎？」我問，拼命試著瞭解艾格妮斯的邏輯。

「部份是如此。如果妳吃奴隸的肉，妳會什麼都不想做。那些奴隸動物的四周都是陷阱，如果妳吃了它們，妳也會如此。妳可以從人的食物看出他們是什麼人。一個奴隸的國度對自己或他人都一無所知。食物有許多種——給心的食物，給身體的食物，給頭腦的食物。」

「一定要吃肉嗎？」

「不。妳要去吃巫術療癒食物，有力量的食物。如果妳也是食物，植物與動物世界的酋長們會與妳說話，告訴妳正確的食物是什麼。」

「妳能在雜貨店中買到那樣的食物嗎？」

「大多數時候可以，但是妳仍然必須知道什麼是清醒的食物——例如，什麼食物是受苦的，什麼食物是完整的。」

「我不懂。」

「我知道妳不懂！讓我們喝些湯……」

艾格妮斯吃完後沒有再說什麼，顯然她不想再說了，我決定上床睡覺。

當我脫衣服時，艾格妮斯拿起狼娃娃，抓著它脖子搖了幾次。她對它吠叫，繞著它跳躍。我一點也不知道她在做什麼，所以我就當作她是在玩耍。

隔天早上，在第一道曙光下，我跟著艾格妮斯到了外面。她指出不同的昆蟲，告訴我哪些動物與鳥會吃它們。然後她讓我看植物，指出哪些動物特別喜愛哪些植物。她要我重複著她所告訴我的。顯然我必須與她所要傳授的知識建立直接與實際的關係。

她要知道我是否有看到任何獵物。

「沒有，什麼都沒有……」

「妳有沒有看見那裡的松雞？那棵樹上都是松鼠。在那些石頭上面有一隻鹿在吃草。那裡有鵪鶉，不久後會有鴨子飛過去……」

我沒有看到她所說的任何動物或鳥，但是等我仔細觀察後，我看見了牠們在那裡。

「是啊！我看見了……」我興奮地說，「妳若是沒有告訴我，我永遠不會注意到牠們。艾格妮斯，妳怎麼會看得這麼清楚？」

「我知道該看什麼地方。培養飢餓的眼光——比妳的肚子還要更早飢餓的眼睛。要成為女獵人，妳必須知道妳所要獵取的事物，狩獵開始於此，妳先開始學習一隻動物如何行動，妳必須看見別人看不見的獵物，一個好獵人永遠能夠如此！我常看到這種情況——一個獵人看到獵物，而其他人看不到。如果妳看不到獵物，妳必須知道牠在什麼地方，才能趕出牠們。重要的是，妳必須乾淨俐落地獵殺。如果妳沒有先看見獵物，妳要怎麼射箭？要獵捕人需要花更多時間。要獵捕一個有力量的人，妳必須用上所有的技巧，使出全力，才不會被欺騙。」

「妳是在說紅狗嗎？」我問。

「是的，但是目前妳不能想要去獵捕這樣有力量的生物。大多數的生物只是在做一些無思想的舉動——先學習獵捕他們。一旦妳能毫不費力地獵捕無思想的生物時，妳才可以進一步獵捕更危險的獵物。妳必須要熟知獵物的力量。所有的生物都有不同的舉動。有些會遮掩他們的足跡，有些不會。有些絲毫不留痕跡，連一根草都不歪。有些則留下明顯的痕跡，會引導妳掉到妳自己的陷阱中。妳看得越多，妳就越瞭解其他生物的行為——妳就越有機會成為一個成功的女獵人。」

「狩獵有好日子與壞日子。總是會有獵物可尋，有些獵物很好，有些則不值得一顧。很顯然，妳必須到好地方，才能找到妳要的獵物。身為一個女獵人，妳絕不可猶疑。妳必須先分析，然後施出一擊，要如此有效率，妳必須知道妳自己的力量與弱點。不要做任何蠢事，做一個細心而隱密的女獵人。好的女獵人不會對自己有愚蠢的評價，好的女獵人懂得殺戮。如果讓自己充滿了自傲，卻讓獵物逃脫，這算什麼？這是對獵物的侮辱。失敗的獵物有權利去力量的源頭要求力量送牠回來獵捕妳——殺妳或使妳發瘋。我們心中知道獵物在什麼地方，我們的任務是去獵殺牠。」

「永遠要記住——妳是獵人而不是獵物。獵人之道是神聖的，絕不要輕率地殺任何東西——連一隻蟲都不可以！想像有一個巨大的生物輕率地把妳壓扁是什麼滋味，只獵殺妳能獵殺的生物，不要闖入比妳聰明的獵物領域。總是要有敬意地接近妳的獵物。」

「對紅狗也是如此嗎？」

「當然。他有妳想要的東西，他知道所有這一切事情。帶有敬意地接近與獵殺，要感謝妳是獵人，而不是獵物。」

我想知道更多關於狩獵的事，但是艾格妮斯說完了。「我必須要給妳力量才有用！」她說，「而不是妳自己內心不清楚的觀念，或借來的知識。妳要有力量，是不是？妳無法用嘴巴把獵物說死。」

艾格妮斯凝視著我。接下來幾天我所做的只是四處亂逛……每一天晚上我都要向她報告我所看見的不同動物，艾格妮斯說我要停止思考，而讓自己被眼睛之外的事物所吸引；她說不要有焦點，而要準備好被引導我的事物所「拉走」。到了第四天，我開始從這種方式中得到樂趣。

艾格妮斯很高興。「那就是力量！」她說。

我也對我的新能力感到高興。

我開始覺察到各種動物。我看見麋鹿、羚羊、臭鼬、兔子……我發現野火雞與其他的鳥，像是雉雞與松雞。我看見一隻狸鼠與兩隻水貂，我也曾被一隻狼嚇了一跳！我們彼此凝視了幾分鐘，然後我跑回小屋，告訴艾格妮斯。

「這很有意義！」她說，「那是一個巫術徵兆──一個偉大的祝福。在樹林中那麼多動物，狼是最難看見的，要抓住一隻幾乎是不可能的。妳必須剪下一縷頭髮，放在妳看見狼的地點。那隻狼根本不需要讓妳看見。牠知道妳在聚集力量，所以牠來幫助妳！」

在這段時間中，艾格妮斯似乎變得沈默寡言。她時常打斷我的話，然後說，「妳聽聽妳自己！我厭煩死了……」我覺得受到拋棄。

某天晚上吃過飯後，我說，「如果我與我的朋友去打獵，他們會很驚訝我能發現這麼多獵物。」

「我不要聽妳談那些謀殺者！」艾格妮斯說。

「謀殺者？」我叫道，「他們是像妳一樣的獵人，有些人很喜愛野生動物……」

「我說他們是謀殺者！他們裡面沒有一個獵人。我看過這種情況許多次了，他們來到這裡，把這裡用槍射得亂七八糟。他們對於巢中的鳥毫無敬意。他們用直昇機趕野馬與狼，毫無榮譽地殺戮。那些人以為他們要比他們所獵的動物優越，妳應該告訴他們，有一天他們也會死。那些謀殺者首先會到一個空曠的地方。他所謀殺的所有動物靈魂都會環繞他，鴨子或貓或熊……。」

「那些靈魂會問，『你為什麼要不公平地殺害我們？』那些白癡混蛋最好有個好答案，不然那些動物會把他扯成碎片，找回牠們的尊嚴。」

「艾格妮斯，妳瘋了……」我說，「妳在瞎掰！」

「等妳的時間到了之後，妳就知道我有沒有瞎掰，我是在告訴妳我確實知道的事。我告訴妳許多次，一切事物都有理由，自有公道存在，也許不會馬上報應，但是偉大的力量有永恆的時間來應驗。我們人類只有短暫的片刻。我要像一個女戰士般生活，體認一切事物的美麗。動物是宇宙的孩子，就像妳和我。妳要瞭解妳自己的死亡，才能取走一隻自由的野生動物性命，否則就讓牠活下去。叫人驚訝的是，這些謀殺者甚至不會感到羞愧。」

「那……我到底是在學習什麼呢？」我絕望地問。

「妳在學習獵捕危險的獵物，勇敢，凶猛，而有榮譽。妳甚至不僅於此，妳在學習竊取力量！如果我看見妳心中有這種謀殺，我就會把妳趕走，叫妳去見妳的祖先。」

我真希望我能描述接下來幾個禮拜中我所學習到的事物，但這要花許多本書才能做到，我幾乎得用我的餘生來思索這段經過。

有一天她讓我看烏鴉在野外的痕跡。

「追蹤天上的鳥是有可能的，偉大的追蹤者能夠如此，即使天空都有跡可尋。」當她說話時，我不小心站在烏鴉的足跡上，毀了它。她冰冷地瞪著我。

「對不起……」我說，「這是一個意外。」

「在巫術的世界中，沒有意外存在。」她怒氣沖沖地說，「一切事都有其意義，妳看不出來嗎？這就是追蹤的精神。意外是源於困惑的字眼，它意味著我們不瞭解自己，不知道我們行為的動機。如果妳不小心割傷了手指，背後一定有原因存在，在妳的月亮之屋中有人要妳這麼做。如果妳知道如何傾聽在妳月亮之屋中的酋長們的聲音，妳就不會做出這種蠢事。巫醫們不會犯錯！一個女巫醫知道如何從她的月亮之屋中派遣探子去察看事情。當她到了她要去的地方，她就會知道該期待什麼，因為她的探子已經到過那裡，告訴她一切。」

「我不是故意要踩上鳥的足跡……」我說。

「是的！妳是故意的。我笑是因為我聽到了意外這個字。在所有神聖的祖先夢境中，沒有任何困惑存在，意外是用來推卸責任給其他人的藉口。如果我打妳耳光，直到妳聽不見，妳不會喜歡的。嗯，這正是妳所做的，我也不喜歡。」

我從來沒有跟艾格妮斯吵過架，但是這一天我真的很想！使問題更複雜的是，每次當我懷疑艾格妮斯的話，進而反省自己後，我都會發現她竟然是對的。

她教導得越多，我似乎越遲鈍。例如，我設陷阱的手法很糟糕，我的陷阱有一半的時間會自己彈起來，而另一半時間裡，用炸彈炸它也不會有反應。

「我要妳到死人溪旁去設一個陷阱。」艾格妮斯說。

我們走到水邊時，艾格妮斯把我推回去。「妳什麼地方做錯了？」她問。

我想了一會兒。「我不知道。」

「風是從哪個方向吹來？妳應該不要讓妳的氣味被吹到小徑上，從下風處接近！我們從錯誤的方向繞過小徑了。」

「動物的嗅覺真的這麼好嗎，艾格妮斯？」

「人類很臭。那些野生動物很熟悉人類的氣味。」

艾格妮斯與我涉水而行。我在水邊設下陷阱，艾格妮斯用氣味很強的樹葉擦拭我。

「這是偽裝，」她說，「這些樹葉會遮掩妳的氣味，希望如此。妳用什麼做餌？」

「水？」

「是的。這個陷阱是用水做餌。但是這個陷阱能抓到任何東西嗎？」

「我不知道。」

「它不能！」艾格妮斯說，指點著，「這個繩圈太大了，抓不到東西。如果做得對，妳也許會有機會。妳永遠無法在這裡用陷阱抓到任何老土狼，那些機警的老傢伙知道如何犧牲，這些老動物會假裝衝向水源，年輕的動物看見老動物，就會貪心地搶先，然後落入陷阱中。」

「關於陷阱最重要的事是誘餌。當妳用水做餌時，記住是口渴吸引了獵物。如果妳知道了正確的誘餌，妳可以誘捕任何妳想要的，但是妳也要知道如何製作正確的陷阱，在獵捕之前，去學習動物的真正個性，瞭解動物。」

學習狩獵的知識——包括辨認與分類各種動物的特性——是一項全時的工作。艾格妮斯對於野生動物與狩獵有無窮盡的知識，她的溝通方式也很辛苦，她要我躡手躡腳走過陽台，直到我能不發出一點聲音。我花了三天才完成這項任務，最後我熟悉了陽台的每一吋表面。我能從一端走到另一端而沒有任何噪音。

艾格妮斯說我太拘謹了。我必須學習更積極些。我大部份時間都在戶外，除了晚上。有時候，艾格妮斯更像是在對我做實驗，而不是教導我。有些日子她會不讓我喝水進食，而要我工作——砍柴或搬石頭——沒有什麼特別用意。言語僅限於短短幾句。我從來不會爭執——我成為她完全的學生。我試著盡量吸收她的知識。

有一天晚上，我走進木屋，迎面撞上了荷耶梅約斯特·巨風。我很驚訝看見他在這裡。

在桌上是一張酋長的毯子，上面有一面大盾牌，我從未見過這麼美麗的盾牌。一串完美的老鷹羽毛幾乎垂落到地上。艾格妮斯盤腿坐著，檢查著羽毛。

「你在這裡做什麼，荷耶梅約斯特？」

「我帶了一個巫醫盾牌給艾格妮斯看。我有事情要請教她。艾格妮斯就像是我的祖母，難道我不能來看我的親人嗎？」

我無話可說。

「妳喜歡這個盾牌嗎？」荷耶梅約斯特問。

「我不知道盾牌有這種樣子的，我從來沒有看過如此美麗的事物……」

「曾經有許多盾牌像這樣，」艾格妮斯說，「但是它們都被藏起來了，或者被摧毀了，很少人能夠見到真正的巫醫盾牌。」

在盾牌中央畫了一隻藍老鷹。皮革繃得很緊，可能是羚羊皮，邊緣有老鷹羽毛。那一串羽毛約四尺長。你可以感覺到力量從中散發。

荷耶梅約斯特小心地把盾牌移到床上。我們一起喝了咖啡，談了一會兒，荷耶梅約斯特把幾個巫醫藥輪給艾格妮斯看，有不同的顏色與圖案。艾格妮斯把它們在毯子上移動到不同位置，這個作法顯然有某種隱藏的意義。

荷耶梅約斯特指點著，「如果妳看著圓圈，妳會感覺到偉大的巫術醫藥之輪。較小的圓圈是妳所學習的教誨。這些藥輪也是盾牌。」

艾格妮斯拿起一個藥輪，放在胸前，然後又放回到桌上。

「如果妳找到妳的眼睛，妳就會知道這些藥輪是一圈圈的意義，」荷耶梅約斯特說，「放在一起，它們是一個謎語的片段。就像咬自己尾巴的偉大醫藥巫術之蛇，它們會透過夢來夢妳。它們是妳的生命與我的生命的曼陀羅中的片段。如果妳能把這些圓圈湊在一起，反映出偉大的巫醫藥輪，妳就不會有妄想。妳將能夠實現妳的『力量行動』，妳的真正生命目的。在那行動中是妳的死亡，而在妳的死亡中，妳將找到真正的醫藥之輪。但是現在妳還沒有準備好接受這些教誨。」

艾格妮斯叫我做一些雜務，之後我非常疲倦，倒在有那美麗盾牌的床上，一覺睡到天亮。當我醒來時，發現荷耶梅約斯特用他的毯子蓋在我身上，但是那盾牌已經不在了，他也走了。

許多天過去，我已經不再計算日子了。艾格妮斯對我的進展不太滿意。某天傍晚，追蹤了一隻鹿一整天後，我們坐著看夕陽西沈。

「明天早上，」艾格妮斯突然說，「妳將會知道妳夠不夠隱密去偷婚禮籃。妳可以去紅狗那裡試試看。」

我嚇了一跳，尤其因為我覺得自己只學到一點點艾格妮斯所教導的，我以為也許我要花一年才能入門。我還需要時間……我想要說什麼，但是什麼都說不出。

「不，妳還沒有準備好，」艾格妮斯說，「但是我不知道我還能做什麼。我不能永遠教導妳。做夢者認為妳有力量，現在是去看看他們是否正確的時候了。」

「艾格妮斯……」我呻吟道，「我比剛開始時還要迷惑。我知道這麼少，要怎麼去做呢？我仍然不知道妳所要教導我的。」

「妳要比妳以為的知道更多，我要教導妳成為一個隱形的生物。」

「那是什麼？」

「一個隱形的生物是一個不可思議的生物。如果妳看見隱形生物，妳也不會知道，這正是我們所要的！」

「嗯，艾格妮斯，妳可能會以為這是個笨問題，但是……妳是不是個隱形生物？」

「這不是個笨問題，因為妳看不出我是什麼人。一般人是被牽著鼻子走，不知道方向，但是隱形生物來去自如，隨心所欲。隱形生物會偷襲妳，危險而無所畏懼。妳料不到他的行動，除非妳也是隱形生物。一個隱形生物知道自己的死亡……」

「嗯，我是不是快要成為一個隱形生物了？」

我從來沒有看過艾格妮斯笑得如此劇烈。她笑出了眼淚，拍打著我的背。

「我已盡力而為了！」她終於說，「因此妳在這裡。如果妳能偷到那籃子，那將是一次隱形的行動，偉大女戰士的行動。一個女獵人越優秀，獵物就越危險，像紅狗那樣的人要比任何力量都危險。若是能獵到紅狗那樣的人，然後洗劫他的巢穴，妳就非常接近成為一個隱形生物了。」

「但是不是現在？」

「不是！還不是，這個荒野對妳仍然陌生。隱形代表著力量，而妳還是一個莽撞的人。一個莽撞的人很少會捕獲好獵物，莽撞的人只會捕獲其他的莽撞生物。愚蠢的生物彼此依附，不要讓妳被愚弄了。隱形生物可以隨時出現在任何地方，妳可以等待隱形生物一輩子，卻看不見任何一個。只有一個隱形生物才能看到另一個隱形生物。隱形生物的夢是真實的。」

「任何障礙都阻止不了隱形生物。當一個隱形生物消失時，妳看見一隻烏鴉，或一個氣球，或一隻老鷹，但是妳其實看到一個隱形生物升起。無能的生物無法看到小徑彎曲的部份。他們沒有知識，這樣很好——如果他們知道了，他們會不知所措。」

「偶爾有些時候，無能的生物也會找到重要的部份。這時候要小心……他們會說，『啊哈！真簡單。』這只是妳在力量之道上找到的第一顆閃亮的東西，當妳在前往隱形的道路上，看到閃亮的東西時，妳應該抬起頭來，繼續前進。」

「然而，當一個無能的生物發現了閃亮的東西，並且撿起來，他就完了！他受到詛咒，灰塵在他四周迴旋飛舞，他會聽見遠方傳來聲音。他不是一個完全的獵人。他看起來很謙虛，但是他開始沈迷於他自己的重要感。其他生物看到無能的生物發現閃亮的東西，也為之著迷。通常無能的生物會造成混亂與毀滅。他到處橫行霸道，但是他不隱形。他有一頭牛的力量，他也許會成為一個國王或統治者，或宗教領袖，但是他從來不是完全的獵人。他只能領導妳到他的極限，他有什麼不可以呢？他認為他發現的閃亮東西就是一切。他把它抱在胸前，對大地吼叫，人們都會來觀看，用他的假漆畫在他們身上。他們穿戴上他的飾物，跟隨他直到毀滅……」

「妳也許以為妳不會跟隨一個無能生物，但是不要笑，我可以現在就給妳一個閃亮的東西。妳可以擁有所有偉大的籃子，除了那一個。或者我應該騙妳說，我要把婚禮籃給妳，妳就會快樂地離開，但是妳並不會得到它——妳只會得到假的！不過我不會放棄教導妳，這點我不會騙妳！我要妳擁有妳所要的，我要妳得到那個婚禮籃，事實上，這對我的意義也許要超過妳所能想像的……」

Part 9

首先妳要瞭解妳正處於危險之中

——亞瑟

開始了。

我觀看著，紅狗的木屋周圍是一層灰色。我趴在一棵桑樹下，身上蓋著樹葉，我的臉用河邊泥土塗黑，泥土的氣味直衝鼻孔。我緊張地等待著，螞蟻在我皮膚上到處爬，尋找食物，令人難以忍受，但是我不敢動，我在那裡已經兩天了。

紅狗的神奇宮殿……我想著，一個有力量殺我，藏匿婚禮籃的人，怎麼會住在這種地方？方正的木屋看起來無人照料，泥塊與舊報紙塞在木頭之間，鐵皮屋頂都是銹洞以及紅色的柏油貼紙，小窗子都是油污，看不見裡面。一隻公雞帶著雞群在屋後的工具間前面漫步，工具間似乎一半埋在斜坡中……

班與小鼓一直不停出入工具間，他們打開笨重的門，進入幾分鐘，我可以聽見他們敲打搬動的聲音。班靠在門邊，說著嘲弄的話。

「小鼓，你確定你知道如何用釘子嗎？」他說，然後把煙蒂丟到地上踏熄。「對你來說太困難了，對不對？」

小鼓帶著工具繩索走出來，四處找著東西，班跟著他，像是在監督。他們清潔生銹的工具、挖洞、埋垃圾在裡面……有時候互相打拳開玩笑，有時候他們只是站在那裡，兩個似乎都盡量在偷懶。

廁所是一間歪斜的小屋，有生銹的彈簧門，被風吹動著，發出令人困擾的噪音。我把紅狗的木屋想成是垃圾坑，因為到處都是歪七扭八的器具，陷在土裡，彷彿被埋在那裡四十年了。一個舊犁躺在地上瞪著天空，有幾堆舊輪胎讓公雞爬上去啼個痛快，牠是垃圾坑之王，大家都必須知道。

右邊一個倒塌的籬笆邊有兩隻瘦母牛，牠們的骨頭簡直快要刺穿皮膚，部份的毛不見了，牠們的乳房似乎乾癟了，正吃著寒酸的食物，脖子上的鈴鐺響著。一部老福特T型車倒在一側，車上的東西都被拆光了，連輪軸都沒有。一張破舊的吊床一端掛在車子的防撞桿，另一端掛在廁所的門上。

當班與小鼓砰地把木屋門撞開時，我嚇了一跳。他們出來上廁所或在前院小便，但是紅狗似乎不需要上廁所，我從來沒有看到他，我甚至不確定他是否在裡面。有兩天之久，我聽到的聲音都是牛鈴、雞叫、木屋與廁所門的噪音。

在第二天下午，突然間……一陣瘋狂的哀嚎從木屋中傳出來，我的頭髮倒豎起來——把樹葉都頂了起來。先是一陣尖銳的叫聲，像是一隻貓頭鷹在尖叫，一聲又一聲，然後像是一隻史前動物的哀嚎，一會兒之後傳來刺耳的呻吟聲，然後是低沈的咆哮聲回應……這些聲音持續了許久，但是我沒有看到聲音的來源。

這陣噪音來的突然，去的也突然。我發現自己只聽見樹葉聲與風吹過高地的呼嘯聲。我正準備要闔眼小睡一下時，聽見一陣碎裂聲，然後是踐踏的腳步聲。我看見一隻灰老鼠從木屋門縫下鑽出來，跑過前院，越過一塊石頭，然後門被打開，小鼓先出來，接著班跑出來，四處觀望。

「牠到哪裡去了？」小鼓問。

「牠在那裡。」

班和小鼓在院子裡到處追趕老鼠，想要圍捕牠。老鼠爬上一棵樹，跳到屋頂上，再從柱子爬下來。老鼠快而狡詐，班與小鼓無法接近。每當牠似乎要被抓到時，牠會選擇最料想不到的方式逃脫，然後從另一個地方出現，快樂地吱吱叫著。

「在那裡。」班喊道。

班與小鼓跑到老鼠露出頭的地方。老鼠會等他們幾乎抓到牠，然後再拔足飛奔。這隻小動物使班與小鼓非常狼狽。

然後老鼠似乎犯了一個致命的錯誤──牠跑進一個鐵罐子裡。小鼓撲向罐子，用手蓋住開口。

「我抓到牠了！我抓到牠了！」

「讓我看看……讓我看看，小鼓！」

小鼓透過指縫，看見罐子裡，他搖搖罐子，再看一次。

「牠在裡面嗎？」

「牠一定在裡面，」小鼓說，「我看到牠了。」

他又看了看，搖搖罐子。「見鬼，牠一定在裡面，但是我看不見。」

「牠逃走了，」班說，「我們抓不到牠了。」

班又搖搖罐子，越來越用力，想把裡面東西倒出來。「不在裡面……」他說。

就在這時候，老鼠從罐子裡掉到地上，班與小鼓大叫，追逐又開始了。老鼠沿著小屋邊緣跑到廁所，轉了個彎，從班的兩腿之間穿過去。班恐懼地跳開來，然後老鼠跑到樹林的邊緣，等待著。

「去你的！」小鼓叫道。

「對！去你的……」班也同意。

老鼠搖著頭，用黑色的小眼睛瞧著他們。牠很平靜地鑽進工具間的門下。

「那裡沒有出路，小鼓，」班說，「牠被困在裡面了。」

他們倆飛奔到工具間，衝進去。

「把門縫塞起來。」我聽見班說。

傳來一陣我從來沒有聽過的聲音——像是魔鬼的吼聲。班與小鼓衝出工具間，跑下小徑，彷彿他們看見了魔鬼本人。老鼠跑出來，回到木屋中，但是班與小鼓在半個小時後才回來。

稍晚後，雖然木屋中沒有傳出任何聲音，我透過窗戶看見一盞昏黃的燈火，最後的夕陽餘暉穿過木柴之間。仍然沒有紅狗的蹤影，但我不準備行動，除非我確定他不在。

木屋中的燈光熄滅了，屋門打開，班與小鼓在陰影中低聲交談。然後他們走上小路，唱著歌。我看著他們消失在山丘後，他們的歌聲漸漸消逝。我又冷又緊張。我想如果有人還在裡面，燈火不會熄滅——這是我等待的時機。現在我可以進小屋偷籃子了。我監視了小屋這麼久，紅狗根本不在裡面，我真笨！

沒有一點聲音，除了廁所門的聲音。甚至連雞群都安靜下來。我揉揉大腿，動動腳指，讓血液循環一下，我的身體很僵硬。當風吹起時，我偷偷朝前移動，沒有發出聲音。我開始發抖，設法橫越了一百碼的距離，到達小屋，靠在木頭搭成的牆壁上，有一種煤油的焦味。天越來越暗了，奇怪的陰影慢慢拉長。我傾聽幾分鐘，然後前進一點，再傾聽等待。我充滿焦慮，覺得自己快要被謀殺了。

我背靠著牆，手摸著粗糙的木頭，強迫自己朝窗戶接近。我伸手摸著窗邊，感覺它，試著感覺屋子裡有什麼東西，但什麼感覺都沒有，於是我轉身，越過邊緣偷窺。玻璃上都是灰塵，反映著天空。我用袖子擦了一個圓圈，用手掌圍住眼睛，靠在冰涼的玻璃上。裡面一片漆黑，我試著集中焦距，但是什麼都看不見。如果紅狗在裡面，他一定會知道我在外面。我聚集所有的意志力，走到門口，心裡只想著婚禮籃。我慢慢轉動手把，打開了一條門縫。

我渾身恐懼地顫抖。

從小路的一端，我聽見一隻狗瘋狂的吠叫——聽起來很野蠻，我儘可能安靜地關上門，然後驚慌起來，我轉身悄悄地跑回到我原來藏身的樹叢，躲在樹葉與泥土之中。

狗到了前院，咆哮急躁，然後我聽見輕柔的腳步聲。我可以看見狗的眼睛，牠在我前面嗅著吼著，我停止了顫抖，一動也不動。

小鼓的聲音如雷般響起。「別叫，骨頭湯！」

「牠也許在樹上找到一隻臭鼬。」班說。

「我不管，我不喜歡那噪音！紅狗會被吵醒，然後我們就遭殃了……」

「來吧，骨頭湯。」班對狗叫著。

他們倆吹著口哨，那隻準備要咬我的狗很不情願地轉身退回去，還吼了一聲。

「你們這些白癡！把那隻畜生綁起來，免得我宰了你們！我想要睡覺！」

那是紅狗從小屋中發出的聲音，他真的在裡面。

這一晚很安靜，第二天小屋也沒有什麼動靜，連雞都不叫。

在黃昏時鼓聲開始響起，很刺耳擾人——完全不像艾格妮斯與盧碧的鼓聲。那聲音似乎橫掃大地，蜂擁而來，沒有別的理由，只是為了擾亂空氣。鼓聲持續了一會兒，我想我也聽到驢子的叫聲，然後小屋周圍的地面震動起來，我聽見蹄聲，接著是一陣猛烈的搖晃，最後，驢子叫聲與鼓聲都停止了，小屋的門慢慢打開，站在門口的就是——紅狗。

他看起來像個不修邊幅的山地人，穿著舊卡其褲與一件綠色的野戰夾克，紅色的頭髮及肩，有很長的鬍鬚，他的眼睛像老鷹一樣銳利……我顫抖著，這是我的想像嗎？還是我從這麼遠也感覺到了他的力量？

他拿了一個銀色的東西，在夕陽下像一把刀般閃爍。他關上小屋的門，走到陽台邊坐下來。儘管他穿著笨重的靴子，卻沒有發出一點聲音。我凝視著那雙靴子，然後看著他把刀子放在嘴邊，彷彿在舔舐刀的邊緣。這時我才發現那把刀其實是一把長笛。他這種姿勢維持了一會兒，然後一股甜美的旋律開始出現，我開始放鬆了。紅狗把頭抬起來，閉著眼睛，盡情地吹奏。我傾聽著，周圍平凡的世界消失了。

我閉上眼睛，然後又趕快睜開來瞧個仔細，我再次注意到那雙引人注目的靴子。它們是奇怪的稻黃色，表面上幾乎像是羽毛，彷彿要裂開似的，於是我發現他從膝蓋以下都蓋滿了羽毛。

紅狗站起來，他的腿打開。笛聲更響亮了，旋律也更優美。他很有力地跳到空中，彷彿要凌空飛去。他低下頭，彎起腰，變成像是有力量的卡親那精靈可可波里（Kokopelli）的形象。在他巨大有如面具的臉孔中央有一道白漆，其他部份都是黑色的。前額有紅色與白色的羽毛，鼻子像鳥嘴般突出。一條像蛇的黑白帶子繞著他的脖子。我瞥見他肩膀背著一個袋子。

有一會兒我無法直視他。他在夕陽中顯的佝僂怪異，既醜陋又美麗。他的藍色響器閃爍著，笛聲悠揚。他在木屋四周舞蹈，跳到屋頂上，然後危險地跳到我身邊，繞著我打轉。我明白他一直知道我在那裡。他對我微笑，一種驕傲而帶有愛意的微笑。

他從背上的袋子裡拿出一個戒指，呈獻給我，挑逗我，左右跳躍著，把手朝我伸出來。我被迷住了。他向前靠，我可以感覺到他灼熱的氣息。我愛慕他。他代表了卡親那的力量。他引誘著我，慢慢扭動著他的身體，我想要伸手摸他。音樂蠱惑了我，我可以聽見自己發出微弱的呻吟，我開始感覺到壓迫人的燥熱。我們以光明與陰影連接在一起。

「我會跟你走……」我低聲說，站了起來，朝前踏出一步，然後一隻有力的手抓住我的手臂，我恐懼地轉過身，直直看入了艾格妮斯憤怒的眼睛。

「跟我走！」她對我的耳朵狠狠地命令。

「不！」我叫道。

我被熱情迷昏頭了，我掙扎了一會兒，想要踢艾格妮斯，掙脫她的鐵鉗。我狂亂地四處尋找可可波里，但是只看見紅狗穿著卡其服坐在前院，就像他原來的模樣。我驚慌失措，踢抓艾格妮斯的臉，她朝我撲來。

我醒來時躺在她小屋的床上。我自己的呻吟聲吵醒了我。我的頭腫起來，很疼痛，艾格妮斯一定是把我打昏了……她站在我前方，皺紋的臉上充滿輕蔑的表情，眼睛閃閃發亮。她跺了跺腳。

「妳沒有戴它，」她叫道，舉起我的鹿角耳環。「她找不到妳！妳幾乎被引誘到妳的死亡。如果妳跟隨了那幻象，紅狗會偷走妳的靈魂。」

「我本來要戴的……」我結結巴巴地說，「我忘了。」

「我希望妳不會死。現在，年輕的女士，妳將要面對紅狗的熱情了！」

Part 10

巫士從來不會殺任何人，他們使人殺自己

——艾格妮斯・呼嘯麋鹿

我吃不下東西，我在小屋中踱步著。牆壁、屋頂……一切都壓迫著我。艾格妮斯坐在她常坐的椅子中，看著我的一舉一動。

「艾格妮斯……不要瞪著我。」我說。

艾格妮斯沒有說話。我到處走來走去……右耳不斷聽到可可波里的笛聲，我的熱情快要使我發瘋了。

「我為什麼不能去找紅狗談一談，艾格妮斯？」我問。「也許我們對此能有所瞭解。」我的聲音像是一個被寵壞的女學生。

「不行！」艾格妮斯斷然拒絕。她接著又說，「請妳要瞭解——紅狗改變了誘餌，他把他自己當成了誘餌。紅狗很頑皮，他應該被教訓教訓……」

我沒有聽進艾格妮斯的話。我跺著腳，瞪著她。我必須要出去呼吸呼吸。

「我能坐在陽台上嗎？」

「不行。」

「為什麼不行？」

「不行！絕對不行。」

「求求妳，艾格妮斯……」

「不行就是不行！」

「喔，算了……」

笛子的聲音使我響起了可可波里的誘惑微笑，我為自己的幼稚舉動道歉懺悔，艾格妮斯點點頭。

半個小時的折磨過去了，當我無法再忍耐時，我說，「我要到車上拿一本書。」

艾格妮斯沒有回答。

「那是一本關於瑜珈的書，很有趣。」我說，並打開門。「是我的一個朋友寫的，妳會喜歡上面的圖片。」

我走出小屋幾步，然後跑上通往車子的小路。走了一半，我停下來回頭看，艾格妮斯不見蹤影。我大大地鬆了一口氣。「我逃離妳了，老蝙蝠！」

我得意洋洋地朝左走上通往紅狗住處的小徑。一路跌跌撞撞的，但是我不在乎。笛聲越來越響，引誘著我，我開始跑了起來。在兩塊大石頭之間的一處轉角，我陡然停步。

「艾格妮斯？」我驚恐地叫道，「我只是要……」

她擋在路中央。伸出手搖晃著我。

「回小屋去。」她說，非常的憤怒。

我回到了小屋，等待另一個機會逃走。

「安靜地坐在床上！」她命令道，「妳真是愚蠢，下一次我會讓他把妳結束掉。」

我的身體裡面正在燃燒，彷彿紅狗在搔我的癢，我得使盡全力才能不跑走。

艾格妮斯在翻箱倒櫃尋找著什麼，背對著我。我朝門口跑去，卻被艾格妮斯抓住了頭髮，把我拖回到床上，我開始咆哮啜泣。

「琳恩，強迫自己思考！」我聽見艾格妮斯說。

但是笛子的樂聲像是教堂的管風琴在我腦中迴盪。我口吐著白沫，又踢又抓，想要咬艾格妮斯。

「我恨妳！」我尖叫，「我恨妳！讓我走，否則妳會後悔！」

艾格妮斯終於找到了她在找的東西。她手中拿著繩索的一端，牙齒咬著另一端。她抓住我的手腕，像是在抓一頭小牛，把我的手綁在床頭，然後把繩索套住我的腳，綁在床腳上。她站起來，拍拍手上的灰塵。

「好了。」她說。

我扭著我的手指掙扎著。然後我頭腦中的雲霧開始散去了一些。

「艾格妮斯，說實在的……」我試著維持自己的尊嚴。「我是一個有理性的人。我們能不能好好談談這個情況，而不要這麼戲劇化？這些繩子弄得我很痛……」

「對，妳越掙扎就越緊！」

她把椅子拉到床邊，坐下來，閉著眼，她開始唱起一首克利語的歌，很好聽，但是我因為太生氣而聽不進去。

「妳知不知道這是違法的？我可以讓妳去坐牢！」

她笑了。

「我不在乎那該死的籃子了！一切事物都與我作對，我只是想要認識那個人……」我開始哭泣。「我受不了了……」

「聽著！」艾格妮斯如此威嚴地吼道，音樂與幻覺都暫時消失了。「聽著……」她再說一次，她的聲音穿過了我的迷惑。「妳不知道妳在面對什麼，想想七月！我要告訴妳有關她的故事，七月是盧碧的門徒，就像妳是我的。有一天，她步行到可羅里，在路上看見一輛舊卡車開來，於是她對著卡車伸出大拇指想搭便車，但是她很驚訝地看到一輛新車停下來。她以為是她的記憶在搞鬼……開車的白人很有禮貌，願意載她一程。七月上了車。那人說自己是保留區的農場主人，他在尋找印地安幫手來趕牛，七月說她會去想想有誰能幫忙。當七月坐在那裡時，那個人有了些異狀，她低頭看著車廂地板時，看到踩在油門上的腳竟是一個蹄子。她抬頭看那白人，他開始變得模糊。七月的眼睛無法集中焦距，但是她很清楚那不是原來的那個人。她知道她走進了一個巫士的陷阱，那個人是紅狗。她試著架起自己的盾牌，但是已經太遲了。她只能尖叫要求下車。她沒有料到紅狗會讓她走，他真的停了車。當她下了車開始奔跑時，卻聽見他叫她的名字──『七月！』然後她聽見了笛聲。她不想這麼做，但是她卻停下來轉過身，於是她落入他的力量控制之下，她像是被催眠似地走了回去，七月沒有任何意志力了。」

艾格妮斯停止說話，一陣很長的沈默……我吞了吞口水，問道，「然後怎麼樣？」

「妳有沒有看過蜘蛛獵殺蝴蝶？」

「我沒有看過。」

「嗯，那就是發生在七月身上的事。蜘蛛與她玩遊戲，他並不想仁慈地一擊殺死她，他用笛子繞著她跳舞，用音樂折磨她，就像他對妳做的。就像蜘蛛對蝴蝶做的，他慢慢把她吸乾。她成為他的愛人，他帶走了她的靈魂與她的力量，放在一個葫蘆裡，掛在他的小屋中。對那混蛋而言，這是一個大玩笑。等他玩夠了她之後，便把七月丟在盧碧的門前。他只留給她那支舊笛子。她仍然被那音樂所蠱惑，因此她才一直重複著那音樂……盧碧氣死了！她小屋四周的山丘憤怒地震動了好幾天，樹林中的動物都不敢出來，紅狗一直在竊笑。」她的聲音帶著恨意。「盧碧會報仇的！等著瞧。她會逮到他的一個門徒。所以，琳恩……這就是妳所要面對的。」

艾格妮斯表情嚴肅。她摸摸我的額頭，我想我生病了，我失去了我的理智。七月的故事對我產生了意義，我開始害怕地發抖，想到她那空虛瘋狂的眼神。

我又聽到了笛聲，一陣陣的熱情向我衝來，彷彿紅狗覺察到他快要失去對我的控制，要對我施出最後的一擊。艾格妮斯從牆上拿下一個皮製的包包，打開來，拿出乾枯的樹葉，捲成一支煙，點燃它，她吸了幾口，走過來，坐在我的胸口上。

「抽這支神聖的煙！」她命令，抬起我的下巴，把煙放在我嘴唇上。「琳恩，這能幫助妳做夢，去夢妳的熱情，飛走！穿過妳內在恐懼與欲望的圈套，面對它們、征服它們！穿越妳自己的反映，脫離紅狗！在夢中行動，找到守護的聖殿，妳的心隱藏在那裡……」

我記得的最後一件事是艾格妮斯坐回到桌邊，我眼睛閉著，笛聲慢慢穿過我的腦海。天花板開始旋轉，然後像一道簾幕般消失，我衝出了我的身體，來到小屋外面……有一會兒，我在樹林中漫步，然後蹲下來看地上的一顆石頭，它裡面好像有一個洞，我專注地凝視它，使自己變得很小，好去跟隨洞裡的一道小光芒……

我進入洞裡後，聽到猛烈的破碎聲，接著，突然間，我非常快速地飛過冰冷晶瑩的空間……一會兒後，我來到一個月光下的廣場，周圍是叢林，中央是美洲豹神殿，有兩個金字塔距離數百碼相對著。在金字塔中間有一個石台，這是美洲豹的地點，平衡遺忘與回憶的地點。

笛聲打破了寧靜，還有草地上的柔軟腳步聲。南邊的金字塔有人影出現，可可波里的幻象在舞蹈著，他的舞是一種古老的儀式，他的笛子吹著夢中求偶的叫喚。紅狗正在某種內在的空間中接近我，一種回應的熱情正在甦醒過來。

巨大的金字塔在月光下越來越清楚。小屋與艾格妮斯完全從我的腦海中消失，被另一個時空的燦爛夜空所取代。偉大的卡親那在月光下是令人難以抗拒的銀色形象，他舞蹈著，吹奏著他的笛子，朝石台扭動著接近。我站在金字塔頂端，我的白袍在炎熱的風中飄盪。我們穿過了世界之間的裂縫——來到屬於心靈的最高空間，魔法的境界。我熱愛著可可波里，我們正在進行一個神聖的儀式，把力量帶到生命之流中，我是所有女人的象徵。

我慢慢走下金字塔的台階。卡親那男人坐在石台上，看起來又像動物，又像鳥，又像人。他對我眨眼。我正朝我的死亡接近，而我不在乎。可可波里以他閃亮的雙眸把我拉得更近，伸出他的手抓住我，讓我輕輕靠在石台上。

石台上都是氣味芬芳的樹葉，在兩端有火炬燃燒著，火光的陰影具有催眠性，我幾乎無法呼吸，他的臉散發著光——忽隱忽現。我閉上眼睛，覺察到不是他也不是我，而是夢的力量在引導著我們倆，這是較高與較低自我的融合，我們與所有生命合一。笛子似乎自己在吹奏，我們躺在石台上，炎熱的夜晚微風吹拂著我們，像一條幻象的毯子。我凝視著可可波里的臉孔，明白我是一個人在那裡——藉著佔有我所恐懼與欲望的這個人，我們合為一體，戰士與女戰士，我與我自己內在的男性相交合。

金字塔消失了，我感覺自己慢慢飄開，我蜷縮成嬰兒的姿勢——赤裸地離開了時間之流，一切成為黑暗。

我顫抖地醒來，艾格妮斯解開了繩索，她帶來一個桶子，我吐在裡面……然後她拉了椅子過來坐在我旁邊。我躺著，感覺很虛弱，我看看窗戶，看到陽光在西邊低沈，這已是第二天的傍晚了。

艾格妮斯撥開我的頭髮，摸摸我的前額。「妳感覺如何？」她問。嘲弄與嚴肅的表情同時出現在她臉上。「我們會不會有一個卡親那寶寶？」

她咯咯笑了。

我儘量報告了我所經歷的，現在我發現自己只有一點點的熱情，我的理智恢復了。

「艾格妮斯……」我終於坐了起來。「這一切，這個夢，與婚禮籃有什麼關係？」

「它們在妳的回憶中互相碰觸對方，妳開始明白做夢者為了要象徵內在男女戰士的融合而創造了婚禮籃，所有的女人都追尋著那個男戰士，最傑出的男人，在她內在之中。我們一輩子都在追尋他，如果我們幸運，能在夢中征服他，與他交合，成為一體。妳瞭解我的話嗎？」

「是的，我想我瞭解。」

「那兩個酋長之夢是很大的好運。妳必須要誘騙力量，才能找到它。它的象徵是很大的療癒巫術，女人遺忘的巫術。它非常危險，但是現在妳可以幫助女人回憶那巫術。妳抽了妳的男性與女性自我之屋的煙，現在妳到達了一條分叉路，妳可以改變與成長。妳開始明白屈服是什麼意思，女人以為她們屈服了，但是卻忘記她們是怎麼屈服的，許多女人的自我之屋已經被遺棄了，因為沒有人去看裡面有什麼。」

「去接觸在女人之屋中的高等男性戰士，擁抱他，然後得到自由。」

黃色的夕陽沈下去，我們安靜地坐在外面。我仍然在顫抖，我的肚子有一種奇怪的感覺。不久，天黑之後，艾格妮斯叫我回到床上，她說要一陣子我才能徹底恢復過來。我醒來時看見她坐在床邊的椅子中，她的手放在膝蓋上，正在凝視著牆壁上的光影圖案。

「晚安。」我說。

她對我微笑，叫我再去睡。

妳的夢境影像與妳的痛苦，只不過是妳意志的失敗

——*荷耶梅約斯特．巨風*

當我在床上坐起來時，我覺得自己好像醉了一個禮拜，那個神聖的煙實在是很有力量。我慢慢走到桌子旁，坐下來。

艾格妮斯正在整理一堆奇怪的東西：石頭、水晶、一條草繩、一個烏龜殼、一個漂白過的顎骨、羽毛、壓乾的花……及其他我認不出來的東西。

「一切都是活的，琳恩。我看過威士忌酒的精靈帶走許多生命，植物或藥物的精靈也帶走了許多，很少人知道事物的精靈，但是這是應該學習的事物，這會是很冒險的舉動，但是我希望我們能一起冒險，當妳知道夠多時，我能帶引妳到那裡，吃吧。」她說。

我們做了些早餐，但是我一口也吃不下。我喝了點茶，熱茶使我感覺好些。

「艾格妮斯，昨晚的經驗不管是什麼，似乎就像其他事一樣真實，我相信我在什麼地方見過紅狗，他是可可波里卡親那。」

她撿起一片樹葉，在晨光中檢查。「妳不認為月亮之屋是真實的嗎？」她突然問。她開始把石頭與水晶堆在漂白顎骨的中間。「夢是在大地的深處，它們的實質是女性的。男性取走了實質，創造了夢。夢是妳的另一半的影像。妳不認為妳是真實的嗎？這次妳帶回了力量，這次妳記得了。」

「我對於夢是什麼以及夢的意義感到非常困惑……」我說，「我的夢在最近幾個月都非常真實，似乎完全反映了我的生活，但是我無法想像夢有實質，甚至連這一次，這一次的夢比較像是幻境……」

「妳有沒有想過，人類是在兩種反映的世界中搖擺不定？去碰觸大地，因為大地之母是清醒的。大地是活生生的，在做夢。人類能想到的一切都有實質，在妳的思想中沒有漏洞。清醒的人，女巫醫們能夠到宇宙的另一側，超出最遠的地方，這裡有彩虹之門通往實質的領域。如果妳進入那世界，裡面的生物會給妳任何妳要的力量，大多數力量都太沈重，無法帶回來。若是我們能穿過那扇門一次，我們就很慶幸了，但是偉大的戰士能夠進入許多次。當妳誕生時，妳就是穿過那扇門進來，當妳死亡時，妳又被吸回去。這是一切發源之地，也是一切被收回之地。保護者要妳去那裡拿妳所需要的。當妳進入後，她們認得妳，會對妳唱一首歌。妳談到實質，聽著，所有的實質，包括我的夢，都是我的姊妹與兄弟，我認得它們，我們溫和地生活著。」

「艾格妮斯，」我說，「我才剛起床……」

艾格妮斯笑了。「妳的問題是妳接受的教誨太多了，卻不夠清醒去瞭解。」

「至少我學到了一些事情。」我不認輸地說。

「琳恩，妳被一根老鷹羽毛絆倒了，就像它擋了妳的路。」

「這是什麼意思呢？」

「妳以為我是一個老瘋婆，我正是。」她大聲笑了。

我抗議道，「如果我這麼想，我就不會來這裡了，對不對？」

「或許。」她又笑了。

「妳還沒有告訴我被老鷹羽毛絆倒是什麼意思。」

「老鷹高飛天際，看到所有錯綜複雜的關係。當一隻療癒巫術老鷹的羽毛掉落地上，它充滿了知識。如果妳夠聰明，妳會與那羽毛說話，讓它的精靈引導妳。一根老鷹羽毛有那種力量，妳必須撿起它，對它說話。然後妳必須知道如何傾聽答案。吃妳的早餐吧。」

我強迫自己吃些東西，艾格妮斯把她的寶貝放進櫃子裡。她關上抽屜，深思地凝視我。

「來吧，琳恩。」她說。

我跟著她走到前院。七月背靠著柱子，吹著笛子。我發現我聽了太久這笛聲，所以沒有用心聽，現在我聽得出來，七月的笛聲虛弱空洞，沒有什麼生氣。

「坐在這裡。」艾格妮斯說，指著七月前方的地板。我小心地坐下，我的身體還很僵硬。艾格妮斯蹲在我們之間，用手捧著七月的臉。

「仔細看七月，琳恩，」她說，「凝視她的眼睛，告訴我妳看到什麼。描述她。」

最近我一直太忙，沒有注意到她變得多麼消沈。她沒有覺察到我們的存在，笛子不斷地從嘴邊滑落，淌出口水。她很蒼白憔悴，她的褐色眼睛比以前還要茫然。

「我看見一個失落了心神的人。」我喃喃說。

艾格妮斯瞄著我。「妳希望自己也變成這樣嗎？」

「不，」我叫道，「我不要。」

「那麼在這裡觀察她一陣子，」艾格妮斯說，「妳還是有可能會像她一樣。」她走回屋內。

我背靠著牆，試著整理我的思緒。七月在玩弄她的笛子，我想著她與紅狗的遭遇，不禁流下同情的眼淚。但是想到紅狗，一陣嫉妒穿過我內在——我感覺自己像是一隻領域被侵犯的母狼，有一瞬間，我恨七月。我似乎無法控制我的思想，也許我才是瘋狂的一個。我心想，也許七月認為自己才是自由的，因為她聽過了紅狗的音樂。

「琳恩，妳觀察夠了嗎？」艾格妮斯問。

「我想是的。艾格妮斯，她有沒有聽過紅狗的笛聲？為什麼她總是吹同樣的音符？」

「在七月的頭腦中沒有噪音，沒有影像，什麼都沒有。她是個病人，也許會死，紅狗永遠不會歸還她的靈魂。她吹她的笛子，因為她不得不如此。為什麼月亮會這樣繞著地球？七月被困在一個迷宮中。如果妳用其他東西碰觸她，妳是在招惹災難。」

我聳聳肩。「我們能做什麼來幫助她嗎？」

「沒什麼妳能做的，也許我可以，但是……」艾格妮斯沒把話說完，「回到屋子裡。」她說。

艾格妮斯抓住我的手臂，把我拖回去。天色暗了。

「我看得出來，七月讓妳討厭。」艾格妮斯說。

「不，我感到抱歉，如此而已。」

艾格妮斯面無表情。「聽著，七月在一個禮拜內就會死。很快，她的靈魂就會忘了她的肉體，把自己毀滅掉。妳要小心不要像她一樣，紅狗仍然想要把他的觀點教導給妳，那就是他的觀點坐在我的前院。」

Part 11

「我似乎無法控制我的欲望，艾格妮斯。」

「琳恩，有一些巫士是靈魂的吸食者，他們用性與我們對性的直覺來達到目的。他們吸光妳的靈魂，毫不費力。要像一枝箭般避開他們，採取不同的路徑達到妳的終點，不要被那樣的巫士所逮到，紅狗想要把妳融入他的企圖中。」

「紅狗真的把七月的靈魂抓住了？」我問道，「這是什麼意思？」

「我告訴了妳。」艾格妮斯說。

她向前傾，對我眨眼，像隻蜥蜴的眼睛。

「我可以把妳一分為二，」她說，「人類不是相同的兩半，人的左邊與右邊是不同的，有不同的用途。在這中間有一條縫，一個巫士能看見那條縫，把妳分裂成兩半，這很容易，紅狗用性來這麼做。妳瞧，琳恩，我可以與紅狗性交，但那對我而言是聚集力量的行動。」

「就像我在夢中與那個可親那男人？」

「是的，就像妳的夢。如果我能忍受紅狗的話，對我而言，他甚至是個還不壞的男人。只是我覺得那個混蛋實在是太醜了！對妳而言，妳還不夠強壯，戰士的力量還沒有覺醒。妳會被分裂為二，什麼都不是。」

「我會死？」

「當妳被分裂為二時，巫士就可以拿走妳的靈魂。」

「靈魂像什麼？」

「像一陣煙霧。」

「在人的身體裡面有種東西像煙霧，而那是靈魂？」

「是的，就像一陣香菸的煙霧。若不是香菸的煙，我們都會死掉。兩條腿的藉著香菸的煙逃過死亡，死亡看見風吹起煙，以為那是他所要的靈魂，就離開了。」

「那就是紅狗所藏在葫蘆中的嗎？七月的煙？」

「正是。那就是她必須找回來的，如果她想要活下去的話。」

「妳能叫他歸還她的靈魂嗎？」

「妳無法叫紅狗做任何事！如果他不想，沒人能驅使他。」

「一個人死的時候會怎麼樣，艾格妮斯？」

「這個問題不重要，人類全體的生命都是在雷電酋長的監視之下。妳自己的內在有一條道路，一條翡翠大道，重要的是使妳的靈魂在這條路上前進，如果妳這麼做，在妳生命終結之時，妳會與雷電酋長合一。而妳其他的路只是通往荒謬幻滅，那些路充滿了痛苦、悲哀、與迷惑。我有一些力量，因為我可以看到終點。在終點，所有的謎語都有了解答，不再矛盾。在終點，妳的眼淚與痛苦的原因變得清楚。如果妳能在妳的時間中找到它們，妳就會得到完滿，沒有人能奪走。這是醫藥巫術的療癒之道，這是正確的道路。」

「我走在這條道路上嗎，艾格妮斯？」

「是的，但是妳還不知道，妳也許無法生還……」

我突然感到一陣焦慮。「紅狗要殺我，是不是？」

艾格妮斯微笑說，「如果他只是要殺妳，妳應該覺得很幸運。不，他要考驗妳，而等待著妳的事物會使死亡看起來像是野餐。當一個巫師要考驗妳時，妳要抓住一切事物以求生存。他會在四個地方與妳戰鬥：火裡，風裡，土裡，或水裡。如果他把妳追趕到其他地方，妳就知道妳輸了，趕快離開這裡，放棄妳的夢想，回去收集娃娃，忘了這件事……但是妳很可能會在遠處被抓到，妳什麼地方都回不去了。」

我思索著艾格妮斯的話，我想著我的夢，我對紅狗的熱情，以及七月的空虛，這一切都配合在一起了，我開始明白紅狗的邪惡，一股憤怒油然生起。

「紅狗竟敢愚弄我！」我出奇不意地叫道，艾格妮斯大笑起來。

「總算是時候了！」她說，「妳開始明白了，但是妳仍然迷戀著他，我可以從妳的眼睛看出來。現在妳恢復了一些神智，我也許可以教導妳，我知道一個方法可以防止他獵捕妳。」

「我要做什麼？」

「妳必須坐在那個池塘，我第一次告訴妳關於他的地方。也許要坐在那裡許多天，看看會發生什麼。妳的姊妹會來療癒妳。」

「妳是說一個人睡在那裡？」

「是的，目前只有這個方法。妳四周會有保護，妳也會戴上妳的耳環，小心一點，妳會沒事的。」

「我的姊妹是誰？妳在說什麼？」

「她會在那裡見妳。」

「妳知道我沒有姊妹，所以妳一定是指其他事物。」

「妳必須自己去發現。」

這時候她把食物捆成一包，似乎在趕時間。

「我真的必須這麼做嗎？」

「妳必須。」艾格妮斯有力地說，「紅狗不會在那裡露面，這有關他的榮譽，他會尊重妳的孤獨。」

我不情願地捲起我的睡袋，不敢去想晚上。我擔憂地望著艾格妮斯。

「去！直到妳有什麼可以告訴我之前，不要回來。」

我點點頭，像隻流浪狗一樣離開了，走上通往盧碧小屋的路。天空十分平靜湛藍，我已經對我的恐懼感到非常疲倦，所以我只是告訴自己，「如果我會死，我就死吧。」

這有一點幫助——我的情緒稍稍改善，步伐也輕鬆些，我的生命完全集中於防止我的死亡。

我停下來休息了幾次。僅吃了一次食物。我以悠哉的步伐前進，配合著綠草樹木與天空。有兩次我爬上山丘眺望風景，睡了一次午覺，用我的睡袋當枕頭。天氣在改變，隨著陰影加長而變得溫暖，等我到達池塘時，下午的金色陽光十分刺眼耀目。

我把食物與睡袋放在一塊石頭上，環顧四周尋找我的地點，有一塊空地吸引了我，那是一塊平地，在池塘上方，四周有樹可以擋風，但與池塘有一段距離，所以如果有動物來飲水，牠們不會被打擾。

我坐在水邊的一塊石頭上，晚餐是肉乾與麵包，吃過後，我用水洗洗臉，收集枯木，不久後，我有了一堆小火。

最後一道夕陽消逝，黑暗很快降臨，我鑽進睡袋，把鞋子放在頭下面，讓我很驚訝的是，我感覺很舒服。望著滿月，我被遠處青蛙與蟋蟀的叫聲所吸引。我祈求月亮永遠照耀著，我可以感覺到她的光芒碰觸到我內外的光芒。我所記得的最後一件事是，我的思緒在一片廣闊的月光大地上漫遊著……

第二天早上，我在相同的位置醒來，我得到充分的休息。天亮了，我躺在那裡，看著天際的晨曦，一陣微風吹拂我的臉，我又睡了一會兒才起來。

在陰影下與陽光下的溫度差異相當大，我選擇坐在同一塊石頭上，看著池塘。那裡的陽光很溫暖，使我放鬆。艾格妮斯嚴格地指示我要一動也不動地坐著，面對著北方，思索著水，讓它來教導我。她說我一定要有自我控制。

起先，我被樹叢的風聲所分神，然後是樹葉的晃動、昆蟲的飛舞……我坐著不動，一根手指碰著水面，我唯一的同伴是一隻蜻蜓，它不時地在池塘上點著水。風吹起水面的漣漪，我撿起一片漂來的樹葉，把它丟到池塘外，如果我是希臘神話中的那西瑟斯，我知道自己是必死無疑。

我想起了紅狗，感到一陣絕望，我仍然很迷戀他，雖然我知道這是可怕的騙局，偉大的卡親那——我無法描述這個念頭所帶給我的狂喜。一隻鳥飛到我面前，然後另一隻飛到相反的方向，還有一隻在樹叢中飛舞，在遠處有一些動物正在呼喚偶伴。

高掛在天空的太陽，感覺要比平常更熱，我不再是我自己了，我是卡親那的做夢者——一心想念他。

無數的時間飛逝，我掙扎地看得更清楚些，我躺在溫暖的石頭上，把意識伸展到水中，彷彿自己在水面下翻轉，像海洋中的一條魚。我在太陽下翻滾，沈入了昏睡……靜靜地休憩在大海的懷抱中，無法改變我的思路。

我在水下的洞穴中毫不費力地穿梭，靠著遠古而無生命的石頭，祈求一個徵兆。我檢查著自己的倒影，尋找著生命的跡象。我摸索著水面，摸索著可可波里的臉孔，但只是把手洗得毫無痕跡。我是一個沒有愛或希望的生物，我單獨回到水下的洞穴，哭泣地祈求一個似神的象徵。我回憶起我古老的靈魂，以及帶領我到這裡的折磨，我質問著海中與我在一起的所有靈魂。這是一個開始，所有時代的智慧，在波濤中的寧靜與真實，水穿過我的手指，波紋升起又消逝，泡沫飄浮而去，在綠色的水中存在著寧靜，水面變成天空與雲朵，我孤獨留在水邊。

突然間，我的眼角瞥見一個東西，我慢慢站起來，凝視著一條響尾蛇一眨也不眨的眼睛。牠離我約六尺遠，抬著頭，以牠平靜的眼注視懾住我。我們彼此凝視著，然後牠慢慢低下頭，伸直身體，在太陽下睡覺，不理會我。

我注意著任何動作，但是蛇靜止著，我無法不看著牠，然後一件驚人的事發生了……那隻在池塘上飛舞的蜻蜓突然降落在響尾蛇的頭上，蛇的蛇信吐了出來，蜻蜓又飛了起來，在蛇上方繞了一會兒，然後朝我直直飛來。這個動作使我退縮一下，但是牠已經停在我的額頭上——兩眼之間。牠只停留了一下子，就朝溪水下游飛去。

我知道這隻蜻蜓就是我在等待的姊妹。

我小心地站起來離開。把煙草留給蛇與蜻蜓，急忙收好我的東西，背起背包，走下小徑。我回頭望了望，那條蛇仍然睡在池塘邊。

下午的陽光變得金黃。我走著，發現我對於紅狗的欲望已經消失了，感激的淚水流下我的臉頰，我開始朝小屋的方向奔跑，我等不即要告訴艾格妮斯。

當我看到小屋時，我發出一陣狼嚎。艾格妮斯來到前院，站在那裡，臉上露出大大的笑容。我跳向她，我們相互擁抱一番，然後進入小屋。我倒在椅子上，喝了一杯水。

艾格妮斯問我發生了什麼事，我說明了池塘邊的遭遇。

「請告訴我它的意義！」我興奮地問，「我無法相信我在知覺上的改變，這是一場大惡夢！」我又說，「我要去逮住紅狗！」

艾格妮斯笑著我。「是的，」她說，「那隻巫術蜻蜓是妳的姊妹。牠是魁茲克多（Quetzalcoatl，古代印加帝國所信奉的主神，蛇身鳥羽。）的守衛與保護者。所有會冬眠的動物，例如熊與蛇，都是做夢者，牠們睡很久時間做夢。妳的蜻蜓姊妹看到了妳的折磨，就從一個做夢者那裡把力量帶到妳的眼睛中。牠把妳的迷戀帶走了，就這麼簡單。」

「可是妳的解釋……我聽起來一點也不簡單，但是至少在目前，我的心智是屬於我自己的。」

「我打賭妳會喜歡一些熱茶。」艾格妮斯說。

我點點頭。我們又談笑了一會兒，然後一起準備晚餐。回到家裡真是舒服。

Part 12

所有真正的巫士都知道如何竊取力量

——艾格妮斯・呼嘯麋鹿

我的快樂很短暫，我從一連串死於紅狗手中的夢境裡醒來。

「艾格妮斯……」我低聲說，「艾格妮斯。」

她沒有回答。這是我第一次比她早醒來，一道昏暗的微光把模糊的影子投射在地板上，外面樹林間有薄霧。空氣死寂，我的睡袋潮濕，我感覺自己的身體被包裹起來。我感到絕望，我知道我學不會任何事，我永遠無法偷到婚禮籃，而現在我又如何能從我原來的生活中得到快樂？我的觀點完全改變了，但是這個醫藥巫術世界卻超過我的能力所及。這個世界太暴力了，我永遠無法學會艾格妮斯要我做的事，我開始在枕頭中啜泣。

「可憐的母牛這麼早哭什麼呢？」艾格妮斯轉過身撐起頭問。

「艾格妮斯，我永遠無法從紅狗那裡偷走婚禮籃……」我抽噎著。「我浪費了我的時間，他會把我毀滅。」

「還有什麼？」

「我很笨……」

「還有呢？」

「我搞不懂自己是怎麼陷入這一團混亂的，我不敢相信這一切……」

艾格妮斯下了床，打開窗戶讓霧進來。她開始燒水。

「琳恩，停止放縱自己，聽我說。今天妳有許多事要學，我們沒有什麼時間，所以專心聽。妳不需要再說什麼了，可憐的母牛，妳死於妳的回憶中，妳喝了沈睡山貓在月光下所挖掘出來的水，妳忘了有人帶給妳力量，然後水寶寶會來問妳，『妳從哪裡得到這些力量的？』」

我擦乾眼淚，把毯子拉過肩膀。「艾格妮斯，有一半時間我不懂妳說的話。現在妳說的是什麼呢？妳為什麼突然叫我可憐的母牛？」

我嗚咽地看著霧從窗戶飄進來。艾格妮斯坐下來，仔細瞧著我，然後慢慢揮舞她的手臂，張開手指，彷彿她要對我丟什麼東西。「這叫做對一隻野牛的眼睛灑沙子，在殺掉牠之前！可憐的母牛，妳不希望野牛看到生路。」

「妳是什麼意思，還有……為什麼妳叫我可憐的母牛？」

「因為妳不瞭解生路。」

「誰是可憐的母牛？」

「可憐的母牛是一個人，他是男是女並不重要。今天早上他是妳，他常常到村落中感覺悲哀……『喔，黑痲雀沒有任何鞋子。』『喔，可憐的小野牛，他沒有溫暖的毯子。』『喔，可憐的黃眼睛，他的一條腿瘸了。』『喔，可憐的我，我好不快樂。』……」

「可憐的母牛碰到了巫醫——雙胞胎土狼，他仍然到處在說，『可憐的某某某！』可憐的母牛不管在什麼地方都可以看到悲哀。雙胞胎土狼說，『喂，可憐的母牛，你的影子在什麼地方？』可憐的母牛看著他的腳，地上沒有影子。可憐的母牛失去了他的影子。『我沒有影子！』他說。『你不覺得你應該去找它嗎？』雙胞胎土狼問。『是的……』可憐的母牛說，『我不要沒有影子。我要去找它！』……」

「可憐的母牛穿過村落，尋找它失去的影子。他找遍所有的屋子，為自己感到悲哀，他到處都找不到。有一天雙胞胎土狼看到他，說，『喂，可憐的母牛，你找到你的影子了嗎？』可憐的母牛說，『不，我找不到，我放棄了。』『妳有沒有去悶汗小屋找過？』雙胞胎土狼問，『也許你去悶汗時，遺留在小屋裡面了。』『我去找找。』可憐的母牛說。可憐的母牛朝悶汗小屋跑去。他一進去，就發現了自己的影子。最後，報消息的人在村落中叫喊著，『好消息！可憐的母牛在悶汗小屋中找到了他的影子！』報消息的人說，『可憐的母牛死了！』……」

「我告訴妳這個故事，因為妳就像可憐的母牛。妳看到這麼多不重要的事，卻對真正重要的事無所覺察。」

「妳說得對，」我說，「我是可憐的母牛，是不是？我時常對自己與整個世界感到悲哀。」

我的沮喪感減輕了。我站起來，吃了一片肉乾與一些核桃，然後我喝著茶，思索了一會兒。

艾格妮斯終於說，「妳已經知道了妳的敵人，知道了妳的對手。在比佛利山莊的力量就像那天在水洞的力量一樣，在妳的世界裡，它們被稱之為瘋狂與死亡。」

「對手與敵人不是一樣嗎？」我問。

「唔，妳周圍有許多敵人——癌症，疾病——妳必須去抵抗的事物，像是尋求毀滅的邪惡人物。但是能有一個對手是很好的一件事。」

「妳是什麼意思？」

「譬如說，妳是一個作家，妳決定找另一個女作家做為妳的對手。妳試著在創造性與觀念上打敗她，這樣一來，妳是用她來看妳自己。妳不希望她失敗——這樣妳就會失去妳的典範。一個巫士會希望妳怎麼做呢？他會給予妳力量，使妳能成為一個有價值的對手，去面對另一個有價值的戰士。」

我問，「競爭與對抗有什麼關聯？」

「我剛才說過，世界各地都是一樣的。競爭是對抗的醜陋姊妹。在真正的對抗中，沒有成敗得失，只有成長。如果妳開始認為妳與自己的對手是相互支持的，妳會失去很多。妳不能依賴妳的對手。妳只能依賴妳自己，沒有人會救妳。相反的，一個巫士把世界看成相對的，學會不把內在的月亮之屋與外在的太陽之屋分開，妳無法與任何事物競爭。」

「妳能與死亡競爭嗎？」

「不，妳只能對抗死亡。競爭是自我中心的，但是對抗是高貴的。」她停頓一下，瞄了我一眼。「妳要怎麼與冬天競爭？」她問。

「我不能。」我說。

「但是你可以對抗冬天，以有意義的方式。這要回到力量，一個人創造出一台電視——然後大家都競爭去做最好的，但是他們絕不會停止尊敬這個夢的奇妙。我可以坐在這裡好幾天，試著告訴妳一個真理的隱喻。花一輩子的時間試著去喚醒妳，但是妳必須自己願意去吃去喝大地、太陽、與宇宙，來知道在妳之中的一切事物。」

艾格妮斯搖著她的頭，我的沮喪消失了，我想要四處遊蕩，去思考她告訴我的事，但是艾格妮斯不讓我去。「來吧！」她說，「穿上這件衣服，我們要去散步。」

我要抗議。

「起來。」艾格妮斯堅持，拉著我站起來。

我接過衣服。

「我們要去什麼地方？」我到了外面後問。她用眼睛指示我，我跟著她走上通往死人溪的小徑。

空氣很冰涼清新，樹林仍然被霧籠罩著，小樹苗在大樹的影子下成長。艾格妮斯突然轉身面對一棵年輕的白楊木，輕輕地彎曲它，示意我看它。

「通常妳要找這樣的年輕小孩，但是我們不能這樣做，這要花一兩個禮拜才會乾。」

「用這棵樹做什麼？」我問。「一把弓？或一個盾牌？」

「做一個送人的煙斗，妳要去做它。」

我無法想像我能做一個煙斗，我告訴了她。

「只要專心注意。」艾格妮斯說，她聽起來不太耐煩。

我跟著她快步穿過霧中，走回到小屋。在我們進去前，她從小屋旁邊拾起一根乾的樹枝。看起來就像她剛才指給我看的那一根，但是被剪短了。在屋裡，她把樹枝放在桌上。

「坐下。」她很嚴正地命令。

她背對著我找東西，然後轉身把一把獵刀拋過來。它插在桌子上，離我的手不到一尺遠。

我向後縮。

「妳沒有小心注意，用刀子把樹皮削掉，要削整齊！」

我不敢再說什麼，我的手顫抖著抽出獵刀，開始削樹皮，很容易就削掉了。

「很好，現在在這一端刻一個小圓圈，像這樣。」她刻了後，把刀子還給我。「動手去刻，我去燒一些水泡茶。」

艾格妮斯看著我刻了二十分鐘，不時給我指示，然後她到架子上找到一個很美麗的灰色石頭的煙斗頭，讓我看它是怎樣裝在煙桿上。

「現在，琳恩，」她說，遞給我一個鐵絲衣架。「把這個衣架弄直。」

我用一把老虎鉗弄了十分鐘，把衣架拉得很直，我讓艾格妮斯看我的成績。

「用火爐把它燒熱。」她說，「燒得火紅。」

我照做了，用一塊毛巾握著鐵絲，當鐵絲變得火紅時，我拿出來，不知道下一步要怎麼做。

「現在抓住樹枝，把鐵絲從中心穿過去，燒掉木心。就是這樣……瞧！它很容易就會穿過去。」

事實上，火紅的鐵絲毫無困難地穿過去了。

「很好，」艾格妮斯說，「放下鐵絲，坐下來，把煙桿削得扁一點。」

艾格妮斯在微笑，我們都很高興。她拿出一個小的串珠機以及幾罐不同顏色的珠子放在我面前，然後又拿出幾片皮革，幾根羽毛。

「等妳削好後，設計妳喜歡的串珠圖案，串在煙桿上，妳可以選擇羽毛掛在這裡。」她用手指敲敲煙桿的前面。

我很喜歡這個工作，完全投入在裡面。我決定要做一個閃電的圖案，用綠色、黃色、與紅色的珠子，邊緣是深藍色的珠子。我頭也不抬，一直工作到下午，然後一陣笛聲從敞開的窗戶傳進來。一會兒之後，盧碧從前門衝進來。

「七月很糟糕──非常糟糕！」她對艾格妮斯說，完全忽略了我的存在。

小屋外的音樂很微弱。

我趕快來到屋外。在前院裡，七月背靠著牆坐著，看起來快死了，像盧碧一樣嚇人。我退回到屋內——被困在一個老瘋婆與一個半死的女孩之間。

「我能幫什麼忙嗎？」我著急地問。

「去找回她的靈魂——如此而已。」盧碧不屑地說。

「好啦，好啦，盧碧……」艾格妮斯把手放在她肩膀上，「罵人是沒有什麼用的，我們去找找樂子。」她看著我。「帶著妳的夾克，琳恩。我們要去好好教訓一下紅狗。聽我的指示行動，不要礙事。」

我們留給七月一些食物與水，然後我們三個慢跑上小徑，兩個老女人跑起來像年輕的女孩。我突然想到，我們是趕去對付紅狗。

「喔，我的天！」我叫道，「紅狗……」

艾格妮斯與盧碧停在我前面，等我趕上去。

「我們要做什麼？」我問。

「安靜！傻瓜，」艾格妮斯說，「妳要大聲告訴紅狗我們來了嗎？」

「不。」我恐懼地小聲說。

艾格妮斯與盧碧兩人給我憤怒邪惡的眼光。盧碧捏我的手臂說，「絕不要說話。

知道妳在幹什麼，攻擊。」手臂的疼痛讓我跳了起來。

我們又開始跑，一路都沒有停下來，直到我們距離紅狗小屋約一百碼，然後我們慢下來尋找掩護。

艾格妮斯在我耳邊小聲而銳利地說，「妳和我躲在這些樹後面。藏在裡面，不要動一根肌肉，直到我叫妳動。」

現在我們約三十碼遠。艾格妮斯對盧碧打了個手勢，我從樹後看見盧碧彎著腰接近小屋，抓了滿手的石頭。她遲疑片刻，然後開始對鐵皮屋頂丟石頭。每一顆石頭都造成很大的響聲。

紅狗的頭從門口伸出來。

「誰在製造噪音？」他叫道。

盧碧沒有打算躲藏，她反而開始發出像火雞叫般的瘋狂聲音，在院子裡跳來跳去。

紅狗光著腳踏出了門口幾步，仍然是一副不修邊幅的模樣，穿著同樣的卡其布與綠夾克，班與小鼓小心地從他身後偷窺。我可以看見紅狗胸上的紅色毛髮，我試驗著我對他的感覺，什麼都沒有，只有厭惡。

「盧碧，滾出我的地盤！」他吼道，他的聲音震動了樹林。

盧碧又丟了一顆石頭，直接打中屋頂，聲音像是有人在敲打垃圾桶。

「我沒有燒掉這地方算你好運！」盧碧叫道，拿起一塊木板砸向生銹的舊田犁。「你偷了我的剪鐵絲鉗子，別說你沒有。」

「我沒有偷妳的鉗子，妳這個老巫婆。」紅狗吼叫回來，「現在滾出去！」

「你會後悔的，你這個混蛋。我會帶印地安警察來這裡，他們會拿回我的鉗子。」

「儘管去，我們等著瞧！我會告訴他們妳幹的好事。」

「你不敢。」盧碧叫道，又丟了一塊石頭，這次瞄準他的窗戶，打中了窗邊，玻璃裂了。「我要教訓你，竟敢偷竊不屬於你的鉗子！」

我不敢相信。一個有力量的巫士與女巫醫竟為了一把鉗子而大鬧，毫無道理可言。

盧碧拋出一個空瓶子，它落在前院的一塊石頭上，破裂粉碎，玻璃四處飛散，紅狗向後跳，班與小鼓完全消失了蹤影。

盧碧很不簡單，雖然瞎了眼，她仍然能夠知道她與紅狗前院石頭的距離。瓶子碎片散佈成半圓形，差點就碰到紅狗的腳。如此的準確度不是偶然，盧碧完全沒有被她的缺陷所阻礙。她轉著頭，像一隻老烏鴉，她的白眼睛眨也不眨，從來沒有直接對著紅狗，在昏暗的光線中顯得很冰冷。

「我知道妳懷著什麼企圖，盧碧。」紅狗叫道。他揮著手，「給我滾出去！」

他回到屋子裡，把門關上。

現在盧碧真的開始發癲了，她發出高而尖銳的鳥叫聲，像隻火雞般跳著，一顆石頭接著一顆石頭地丟到屋頂上。門終於又打開來，紅狗出來了——氣得要命。他的臉漲得通紅，紅鬍子與頭髮都豎立起來。儘管我躲得很嚴密，我仍然開始發抖，艾格妮斯卻像棵樹一樣不動。

「這是我的地盤，盧碧，」紅狗叫道，「妳最好停止！」

盧碧也叫道，「哈！你到底在保留區做什麼？你為什麼不跟其他白人住在一起？沒有一個印地安人能忍受你，你臭得要命，你這個骯髒的白皮膚。」

「我住在哪裡不關妳的事！」紅狗吼道，「我可以住在我想要的任何鬼地方。」

「把我的鐵鉗子還給我！」

「就算我有，我也不會給你。」

「我會燒掉這個該死的地方！」

「如果妳這麼做，就會有一個死老太婆！」

班與小鼓躲在紅狗身後，頻頻點頭表示同意。紅狗氣得要命，盧碧似乎也是。

「滾出去，盧碧！」紅狗叫著，「每個人都知道妳瘋了，他們是對的。」

「親我的屁股！」盧碧吼道。

她跳到小屋的另一邊，把紅狗的工具間打開，開始在裡面翻箱倒櫃。紅狗帶頭與他的門徒一起朝她接近一小步。

「我就知道！」她叫道，「我找到了。」

她回到院子裡，揮舞著她的戰利品。

「那是我的鐵鉗子，」紅狗說，「上一個夏天我在大減價時買的！我沒有偷東西。」他又跨前一步，但是沒有離開陽台。「而且那不是剪鐵絲的，妳這隻笨母狗！那是固定鐵鉗。小鼓，那些是不是固定鐵鉗？」

「是啊，」小鼓沙啞地說，「當然是，我記得！」

「尊敬我一點！」盧碧叫道，「我沒有那麼笨，管它們叫什麼，反正它們是我的！」

紅狗咆哮道，「妳這個老太婆要鐵鉗做什麼？」

「我要做一道大鐵絲網包住我的屋子，以防像你這樣的工具賊。」

「妳把那些鐵鉗還給我，否則我要……」

「你要怎樣？」

「我要自己動手把它們拿回來！」

「從一個瞎了眼的老太婆身上搶東西，嗯……這正是你的作法。」

「妳，妳這個老……」紅狗吼道。他跺著腳，氣得一拳打在小屋牆壁上。

盧碧轉身朝小路走去，她一邊走一邊扭著臀部，高舉著鐵鉗子。

「上！」紅狗對班與小鼓叫道，「我們不能讓她這樣離去！」他的臉脹得更紅，眼睛充滿了怒火。「我們去抓她！」

三個男人跑上小路追趕盧碧，他們以最大音量大吼大叫，小屋的門沒有關。

我轉身問艾格妮斯要不要去幫助盧碧，她站在那裡不動，突然她一溜煙就不見了，我轉身，剛好看見她鑽入小屋中。彷彿她一躍三十碼之遠，無聲地降落在陽台上。然後她又出現了，似乎穿門而出。她臉上帶著微笑，手中拿著一個葫蘆。接著她似乎向前傾，突然又回到了我旁邊。

我害怕得胃痛起來。我想要蹲下來，但是艾格妮斯拍了我一下。

「這是沒有幫助的！做個女戰士。」她命令道。

我們朝盧碧的小屋跑去，我從來沒有跑得這麼快過。一點預警也沒有，盧碧突然跑回了我們旁邊。我嚇了一大跳。

「妳拿到了嗎？」盧碧問艾格妮斯。

「是的。」艾格妮斯喘著氣說，她用那個有珠子的小葫蘆碰碰盧碧。曲折的小徑充滿了她們的笑聲。我們跑到艾格妮斯的院子，倒在地上打滾，我歇斯底里地笑著。

「當紅狗開始追妳時，妳應該看看他的臉。」艾格妮斯指著盧碧，「妳這隻狡猾的狐狸。」她又爆出大笑。

她們互相拍打，彼此恭賀著。她們跳上跳下，又翻滾了一會兒。

我突然停止發笑。「盧碧，妳怎麼逃過他們的？」

「我讓他們以為我害怕了，我丟下鉗子就跑了。」

「但是紅狗會不會去破壞妳的小屋？」我警覺地問。

盧碧與艾格妮斯凝視著我。

「不會，那樣是作弊！」盧碧說，「那樣做對他沒有好處，就像我不會去破壞他的屋子，我不是那種人。」

「嗯？妳今天就是那樣。」

「不，」盧碧說，「我們只是去找回一些原來屬於七月的東西——她自己的人類靈魂。」

「與紅狗的一切對抗，都是對他個人力量的一項挑戰，琳恩。」艾格妮斯說。

「我不知道，」盧碧說，「有時候那是很無聊的。」

我完全被搞糊塗了，但是我又不禁開始大笑了。

在這時，我們都開始注意到七月，我們轉身看著她，她仍然坐在原來的地方，食物與水的盤子被打翻了。她以短促的呼吸吹著笛子，目光黯淡。

「我們必須還給她！」艾格妮斯說，「重新喚醒被反映的圖案。」

盧碧與艾格妮斯帶引七月到院子的中央，她很溫順。

盧碧使七月的臉朝向西方，太陽已經西沈，但是仍然有光線。盧碧牽著七月的手，帶她站在某個地點。艾格妮斯則走在七月後面。

兩個老女人不慌不忙地準備著，等到一切似乎就緒後，盧碧對艾格妮斯打了個手勢。艾格妮斯從七月後面舉起葫蘆到七月頭上，盧碧壓下七月的肚子，艾格妮斯轉動著葫蘆，我聽見一聲銳利的響聲，像是槍聲。一道煙霧盤旋在七月頭上，然後似乎被一條銀絲給吸入到七月的頭裡。

我再度胃痛地彎下腰來。

艾格妮斯對我叫道，「去為七月找一條毯子。」

我蹣跚地走回小屋，從艾格妮斯床上拿了一條毯子回來。盧碧把毯子圍在七月肩膀上。

她們各扶著七月的手臂，帶著她在院子裡走著，低聲鼓勵她。

「發生了什麼事？」我問。

「七月回來了。」艾格妮斯簡單地說。

「不要讓那個該死的紅狗再愚弄了妳。」盧碧嚴厲地對七月說。

七月雙手抱著頭。她不是以前那個女孩了。她靜靜地啜泣著。然後她的眼睛變得清澈，開始露出微笑。「我無法回來。有沒有東西可以吃？」

「琳恩，給七月一些鹿肉乾。」艾格妮斯說。

我們全都回到小屋中。

「這個東西……是做什麼用的？」七月問，從地上撿起她那支笛子。

「喔，不！」盧碧叫道。她把笛子從七月手中搶過去，把它在膝蓋上折斷，把碎片丟到空中。

七月聳聳肩。

突然一道黑影飛來，烏鴉落在七月肩膀上，對著她耳朵高聲叫著。

艾格妮斯轉身對我說，「烏鴉一直到處在找七月的靈魂，那是她的鳥。現在他們又在一起了，我們都會很快樂。」

在小屋裡，七月狼吞虎嚥著。等她吃完後，我們被介紹認識，我感覺她知道許多事情是我還沒有學到的。

稍晚，在盧碧與七月離去後，我沈默地躺在睡袋中，不知道接下來還會發生什麼事，一切都沒有什麼道理。

我只知道我仍然想得到那個婚禮籃。

Part 13

我留妳在創造力的鏡子裡，去碰觸世界的圓圈。

——荷耶梅約斯特・巨風

艾格妮斯輕輕把我搖醒，一片漆黑，即使在艾格妮斯點亮了油燈之後，窗戶看起來仍然像是被一道黑布所遮住。艾格妮斯的眼睛告訴我，我將要去面對某種挑戰。我穿上我的牛仔褲時，發現自己的手指在顫抖。

「紅狗如果發現妳在他小屋外面窺伺，他一定會很生氣。」她很理所當然地說。

我的胃縮了一下。「我相信。」

「現在他會想要報仇，妳一定要非常小心，他有幾百萬種伎倆。妳看到他對七月所做的——她差點活不了。妳做任何事或任何決定之前一定要先與我商量，妳可以繼續等待機會，但是不要去追籃子，懂不懂？」

「妳是說我一定要先問妳，才能去偷籃子？」

「沒錯。妳不能犯任何失誤。」

「妳仍然要我去那裡等待機會？」

「是的，就算紅狗把婚禮籃放在妳鼻子前，回來先問我能不能拿。」

「如果我沒有力量去拿，那我為什麼要去呢？」

「去那裡觀察，這是在考驗妳身為女戰士的力量與意志，不要讓他們發現妳躲藏的地方。這個考驗是非常嚴重的，生死攸關的大事。」

Part 13

我深吸一口氣，坐下來吃早餐，強迫自己吃。我回憶著我在那裡監視的許多天，我的目標似乎離我越來越遠了。

「妳為什麼要我這麼早去那裡？」

「紅狗睡的很沈，起來得很晚，也許這次他不會感覺到妳。他是如此無可預料，這是我唯一能想到的一件事。」

這是我第一次聽見艾格妮斯對自己沒有把握。她推開椅子站起來，慢慢地踱步。

「我希望我告訴妳正確的事，琳恩，我不知道妳應該怎麼做，有一件事是可以確定的，如果他們困住了妳，妳就握著妳的耳環趕快逃命。妳……現在仍然還想得到那個瘋狂的籃子嗎？」

「艾格妮斯，這是什麼問題？我當然想得到那個籃子。」

「也許我老了……琳恩。」她搖著頭，「如果妳回去比佛利山莊，對我會容易多了。」

「艾格妮斯！妳是怎麼搞的？」

「去偷那個籃子！沒有偷到不要回來。」

「艾格妮斯，可是妳剛才告訴我要先問妳才能去做……」

「嗯？如果那是我告訴妳的，那麼妳最好這麼做。」

我全身感覺到一陣奇怪的搔癢。「請不要把我弄迷糊了，艾格妮斯，求求妳！」她竟以克利語回答我。

「艾格妮斯！我不知道妳在說什麼，請不要這樣……」我開始感到完全的驚慌。艾格妮斯沒有回答。她開始對我打手勢——用手語！我跑過去搖晃她——她似乎癱瘓了。

「琳恩！琳恩！」艾格妮斯大聲說，「紅狗正在攻擊我……快去做我告訴妳要去做的！然後趕緊回來，希望你回來時我還活著……」

「我能為妳做什麼事嗎？」我叫道。

「是的，妳可以出發了。還有，別被宰了……」

我穿上一件褐色的運動衫，抓了幾片肉乾，塞到兩邊的口袋裡。

艾格妮斯在門口摟摟我。「我飽了。小狼！小心狗群……」

艾格妮斯顯然把我誤認為她以前的小孩了。她突然尖叫起來，抓著她自己的喉嚨，倒在地上踢著腿。「抓住那該死的牛！」她叫道，「好好抓住牠！」

我自己開始驚慌尖叫。

艾格妮斯一躍站起身來。「現在清醒了嗎，甜心？」她以諷刺但清楚的語調問。

「嗯？是的……」我喃喃說，我的喉嚨因為尖叫而疼痛。

「什麼老把戲都會騙到妳！對不對，琳恩？我在考驗妳能不能獨立行動，妳不能。」

「妳是說……剛才這一切都是假的，一個玩笑？」我不知道我是要鬆了一口氣，還是要生氣。

「不是玩笑——而是一個考驗！妳顯然還沒有準備好。」

「我不覺得這很公平……」

「喔，妳不覺得，可憐的母牛！好吧，當紅狗踢妳時，妳也不會覺得很公平，而妳這麼軟弱，他也不會覺得公平。」艾格妮斯上下打量我。「我也誘騙了妳，來對妳的穩定性進行一次打擊。妳也許只會有這麼一個機會去偷婚禮籃，我要妳能成功。所以趕快回來，告訴我一切妳覺得重要的事。」

「好的。」我說。

我看了艾格妮斯一會兒，然後我出門了。在漆黑的天空中沒有一顆星星，但是我的腳知道該怎麼走，怎麼保持安靜，唯一的聲音是遠處的一隻貓頭鷹叫聲。

我開始在一片濃密的樹林中爬行，那裡距離紅狗小屋約一百碼，然後我藏身在四十碼之外。當第一道光線從地平線上射出來時，我躺著靜止不動，觀看著，等待著。在大約九點時，小鼓出來打呵欠，手中拿著一杯咖啡。他坐在台階上喝著。

「該死的麻煩。」他咒罵道。

我笑了，想到盧碧怎麼丟石頭。

小鼓轉過身叫道，「起來！班，該上工了……」

我聽見班回答，但是聽不清楚說什麼。當班走出來時，他拿著一杯咖啡與咖啡壺。他們打哈欠，閒聊著，伸著懶腰。

他們回到小屋中，一個小時之後才又出來，穿著破舊的工作服，而不是平常的牛仔褲。他們從工具間中拖出一大捆鐵絲網來到前院，然後回去拿槌子、鋸子、釘子、鐵鍊、夾子、鐵剪、鉗子……及其他我認不來的東西。一大堆東西散佈在前院裡，班與小鼓望著它們，彷彿這是一個非常複雜的邏輯問題。

「那個該死的老太婆！」小鼓叫道，拿起一把笨重的鐵鎚，再丟到地上。「要不是她，我們也不用做這些工。」

「是啊。」班像平常一樣地簡短回答。

「你要拉開鐵絲網，我來剪？或者你要剪，我來拉開鐵絲網？」班抓著頭。「我不在乎，只要弄好就行。」

「我告訴你怎麼做，」小鼓說，「我站在鐵絲網邊緣，你把它拉開來剪好……」

「你不覺得我們應該先量一量嗎？」班問。

現在該小鼓抓頭了。「喔對，我沒有想到。」

然後他們吵著誰要去握著捲尺，最後小鼓輸了。

「三十九——算成四十二比較保險，四十二英吋。」小鼓說，握著捲尺站在窗邊。

「我會忘記……」班說。

「嗯！去找一支鉛筆！」

「好啦，你不需要吼……」

幾分鐘後，班帶著鉛筆與紙回來。「你說是多少，小鼓？」

小屋窗戶的測量彷彿花了一輩子時間。班必須用高凳子測量兩側的窗戶，用梯子測量後面的窗戶。

每隔幾分鐘，他們就會抱怨盧碧一頓。不斷有咒罵與爭吵，連最小的工作都似乎需要辯論一番，但是他們總算是以最荒唐的方式進行下去。

「她該死！」班詛咒道，把銹舊的鐵絲網打開來，小鼓站在一端壓住鐵絲網。

每次當班放開鐵絲網，用一把鐵剪來剪開時，鐵絲網都會彈回去，割傷他的手。

「啊，他媽的！那可惡的老母狗！」

「給我！」小鼓說，抓過鐵剪。「老天，你真笨！讓我來……」

他朝前走了一步，忘了他站在那捆鐵絲網上的用意。鐵絲彈了回來，割破他的工作服。

「他媽的鐵絲！」他叫道，咒罵的聲音在樹林中迴響，他摸著被撕破的褲腳。

「看看那個老太婆幹的好事！」

他們花了好幾個小時，才把剪得很不整齊的鐵絲網放在窗戶上，像是一個巨大的拼圖遊戲，然後紅狗出來了。

「你們這些驢蛋！為什麼要花這麼久時間？」他吼道，班與小鼓在他的目光下向後縮。「把那些鐵絲釘好，快點做，該死的！」

班與小鼓抓起大鐵鎚，開始亂敲起釘子。紅狗看著，厭惡地搖著頭。「明明有上億的人，而我卻找到你們兩個白癡做門徒！」

班與小鼓敲得更快了。

「我要工具間的鎖在日落之前裝好！」紅狗吼道，「你們兩個最好不要忘了。」

他們敲得更瘋狂了。

「這些日子什麼人都不能信任，」紅狗氣沖沖地說，「我會報仇的！我要她們的白人女孩付出代價。」

他回到屋內，關上門。

回想起我在許久以前看見的那幅婚禮籃照片，我凝視著木屋，試著想像它就在裡面。艾格妮斯不知如何加強了我對它的需要，我寧死也不願留它在那裡。

「啊啊！」小鼓痛呼道。他丟下鐵鎚，把他的大拇指夾在雙腿中呻吟著。「你什麼都不會做嗎，班？」

扭曲的鐵絲網從窗戶掉到地上。

我知道這三個人可以算是最高明的煉金師，但是在日常的世界中，他們卻非常的無能。班與小鼓似乎不停在破壞著自己的工作，這是一連串愚蠢的鬧劇，就像一部差勁的電影。

紅狗走出來好幾次，揮著手咒罵著。當他在外面時，班與小鼓會犯下最愚蠢的錯誤，班會把鐵鎚砸到自己腳上，小鼓也會敲得太用力，連玻璃都被震破了……他們似乎在比賽誰是最大的傻瓜。

紅狗最後厭惡地放棄了，讓班與小鼓自己去搞。到了下午，他們已經弄好了窗戶，然後把鐵條釘在工具間的門上，在上面裝了一個扣環與鎖，當小鼓站在那裡欣賞自己的傑作時，班拖出一條大鐵棍，撞擊著地面。

「你要用這個做什麼？」小鼓問。

「你認為呢？我要在廁所加裝一個鎖，如果盧碧在糞坑裡塞一條響尾蛇，我也不會太驚訝……」

「我想盧碧不會這樣做的，班。」

「我不管。反正我要裝上。」

「好吧，她永遠進不了工具間了，除非她用炸藥。」

「對，她也進不了廁所了！」班拖著生銹的鐵棍橫跨院子。「你不幫助我嗎？」他對小鼓叫道，「你也要用廁所的！」

小鼓幫了忙，等鎖裝好，工具都收好後，已經很晚了。

「看看這些窗戶。」小鼓說。

「哇，這個廁所要比付錢的公共廁所都要好。」班說。

「我想我們做得不錯，對不對？」

「當然！我們應該去建築工地。見鬼！我想如果我們想當工程師也可以……」

紅狗走出來加入他們。「你們兩個連餵鳥器都做不好！」

班與小鼓垂頭喪氣，紅狗悲哀地搖著頭。

我禁不住偷笑起來，這整件事是典型的鬧劇。

「我們已盡了全力，紅狗……」班以傷心的語氣說。

「你能期待什麼呢？」小鼓說，「我們都不是木匠，是不是？」

他們走進了木屋，我沒有聽見紅狗的回答。我試著放鬆一下我的神經，什麼事都沒有發生，然後紅狗，班，與小鼓衝出了門外，把門砰然關上，一起吼叫歡呼地走入夕陽中。他們勾肩搭背，唱著歌，走上小路。我躺在那裡看著他們走出視線之外，我想他們是去可羅里狂歡了，我確定他們都醉了。

我不敢沒有先問艾格妮斯就跑去偷婚禮籃。我盡可能快速奔回艾格妮斯的小屋，衝入屋內，氣喘得說不出話來。艾格妮斯從椅子上瞥著我。

「艾格妮斯，」我興奮地說，「我想他們走了！他們都唱著歌走向鎮上，他們喝醉了。」

「他們一定是的！」艾格妮斯說，站起來。「現在妳的機會到了！小心不要被騙了，要勇敢，琳恩……記住我教妳的一切。趕快去偷婚禮籃回來。」

我匆忙離開。天黑了，在夜空中有一輪柔和的銀月。在距離紅狗木屋約四十碼的地方，我停下來。四周沒有任何動靜，木屋是漆黑的。我發著抖，朝前靠近，跪在一些灌木叢後面，手摸著潮濕的泥土。然後我又更靠近些，躲在一棵樹幹的後面。

「哈囉，親愛的。」小鼓突然說。

我的血液凍結了……我發現我抓著他的腿，他的身體靠在樹幹上，彎著腰，手臂扭曲成奇怪的形狀。在黑暗中，我無法分辨出他與周圍的樹木。我放開他的腿，驚恐地後退。

另一個身影站在我右邊，還有一個在我後面。他們包圍了我。

「女士，滾開這裡，否則我要把妳的屁股釘在牆壁上！」

那是紅狗。三個黑色人影同時朝我衝來，我尖叫一聲，開始逃跑，紅狗如雷的笑聲響著。我的腳踢到一根樹幹，翻了一個跟斗，然後站起來繼續死命奔跑。

「抓住她！」有人叫道，「在這裡！」

班與小鼓開始對我丟擲大石頭，很接近地，任何一顆石頭都可能打碎我的頭，他們在我身後不停笑著。

我跑了又跑，越過多石的小徑，直到我跌倒在艾格妮斯木屋的門前，我才知道我終於脫離了危險。「我被騙了！」我驚叫道，「他們差點殺了我……」

艾格妮斯取笑著我。「他們才懶得殺妳，因為妳的企圖非常好玩。」

我想要哭。「對我而言才不好玩……」

艾格妮斯惡作劇地瞧著我。

「我知道紅狗在誘騙你。」艾格妮斯說。

「妳知道？而妳還叫我去？」

「是的，我想看熱鬧。當妳告訴我說他們都喝醉時，我就知道他們的企圖。巫士從來不會喝醉，除非他們要騙什麼人。我必須讓他們看到妳是多麼弱，才能欺騙他們。妳落入了他們的陷阱中，反而騙了他們，現在，他們對妳毫無敬意了——一點也沒有。這樣很好，他們不會感到有必要防範妳了。」她為我倒了一杯熱茶。「坐下來，」她說，「在這時候，沒有什麼事會發生的，享受妳的茶吧。」

我喝了幾口。

「妳瞧，琳恩，那些傢伙以為妳是個愚蠢的女人，對任何人都不構成威脅。他們以為妳會羞愧地離去，只要他們這樣想，他們就有弱點，這是最好的時機，許多人辜負了他們的異象，但是我希望妳夠堅強。妳一定要成為一個女獵人，女戰士，妳要教導我們什麼是夢想。回去那裡監視整個晚上！妳對於婚禮籃的熱情是不會改變的，妳來到這個世界是要發現妳的道路，而妳以經找到了，現在妳必須踏上去。」

艾格妮斯站起來，走到衣櫃那裡。幾分鐘後，她帶著她的巫醫包包與我的鹿皮衣服、鞋子回來。

「穿上這些。」她說，「不要有辱它們！它們充滿了女性的能量。」

我趕快更衣。空氣冰冷刺骨，但是當我穿上鹿皮衣時，我立刻感覺溫暖，這套美麗的衣服像是一層皮膚。

艾格妮斯拿起她的巫醫包包。「到外面去！」她指著，「帶著毯子。」

我抓起毯子，跟著她到院子裡，她叫我把毯子鋪平在地上。

「坐下來。」她嚴肅地說。

我們面對面坐在毯子上，艾格妮斯把響器從包包上解開，打開來，露出裡面的東西。她整理著——有幾條黑色，黃色，與紅色的帶子，乾燥的花，水晶，幾塊頭髮，或者是人頭皮，一個貓頭鷹的爪子，幾個紮起來的巫醫袋子……還有一些我認不出來的東西。

艾格妮斯向前傾，把兩根貓頭鷹羽毛綁在我的頭髮裡。

「這些東西中，有沒有誰在對妳說話？」她問。

「我不知道……」

我突然感到一股力量從一個看起來像瘤的石頭中傳出來。「那個！」我指著說。

艾格妮斯讚許地點點頭。「那是一個祖先！他超過了九十歲老——一個祖先培藥特果實（peyote，一種仙人掌植物的果實，具有迷幻藥物的效果，是印地安人宗教上的聖物）。我自己也時常感覺到他的力量。」

我的眼睛看著這些東西，在一些羽毛旁，我發現了半張二十元的鈔票。

「妳從哪裡弄到這個的？」我驚呼道，被嗆到了。

我回想到在瓜地馬拉那個年輕的印地安人把我的鈔票撕成兩半，我仍然帶著我的那一半。

「這是從南方來的破碎鈔票，預告妳的來臨。」

我的臉色變得蒼白。

艾格妮斯拿起一根小煙斗，遞給我。我拿著這根精巧的煙管，她把四根老鷹羽毛放在一個圓圈裡，翎管朝內，幾乎相碰。

「每根羽毛代表一個方向，」她說，「這象徵著妳在中央。」

我把煙斗還給她。她從一個袋子裡拿出一撮粗糙的黃色煙草，放在煙斗裡，點燃它，吸了幾口煙。

「我要妳好好吸吸這個友善的煙，」她說，把煙斗遞給我，「深深地吸，揉妳的肚子。」

煙斗溫暖而平滑，像一根骨頭。苦中帶甜的煙味使我頭昏。

「我們可以一起拿起這支煙斗，祖先們將與妳一起實現妳的夢。這個友善的煙是一個客人，來自於哭泣的帳棚，那個與玫瑰說話的老女人。」

艾格妮斯的臉似乎越來越大。她的聲音令人舒慰，我的耳朵感覺到空氣的壓力，我覺得我必須要告訴艾格妮斯，我尊敬她，我愛她。

我發現我可以吃那個煙，彷彿煙像是棉花般的物質。艾格妮斯彷彿是十八歲的女孩，留著長辮子。我試著說出我的內在覺察，但是一切事物，一切思想，似乎都碰撞在一起。我坐在毯子上永恆之久，而這一片刻永遠不會停止存在。

艾格妮斯從我手中拿走煙斗。「這根醫藥巫術煙斗被抽了好幾千年之久，這個甜美的藥草是神聖的藥草，它的靈魂是女性，它是給予妳內在戰士的禮物，使妳能堅強戰鬥。」

艾格妮斯站起來，要我也照做，我的身體似乎靠著一種陌生的意志自己站起來。

「來自於北方，住在樹林中，控制一切動物的白水牛女神正傾聽著我們。但是也有巫術的騙徒要從這片療癒大地中竊取力量。藉著這個友善的煙，妳會見到他們。他們做長而尖的箭對付妳的姊妹，他們吸食妳的夢，不管妳的飢餓。他們的包包裡是壞巫術，他們的心是邪惡的。」

艾格妮斯踏著她面前的地面。「照著做。」她說。

我也踏了。

「我的女兒，」艾格妮斯說，「聰明的狼，現在是妳看東南方的時候了，那是偉大和平酋長的所在地。女人先站在那裡，現在女人必須回到那裡，平衡陣營。這個煙斗必須要平衡地握在大地上方，如果妳能成功，我的心會感到滿足。」

她從一個皮袋中拿出了什麼食物，灑在我身上。她伸手到襯衫裡，從胸口拿出一把刀子，有白色鹿皮的刀鞘。她抽出刀子，刀鋒上有缺口。她舉起刀，刀尖頂在她的拇指上。

血液從她手掌流到她的手腕，滴到毯子上。她把滴血的手指劃過我的頭頂，沿著頭髮邊緣，我感覺到潮濕。她繼續舉著手，像是在敬禮。

「畫在妳額頭上的鮮血是一個女巫醫的鮮血，這是來自於我身體中的美好血液。我的血液與所有女性的血液融合，我是巫醫之手，我如此說了，妳的紅色道路有我們全體的心腸，我很高興我能指引妳的道路。」

她把刀子與刀鞘遞給我，現在看起來不像是有缺口的了，非常銳利。

「插在妳腰上！這把刀是神聖的，要從遠方帶回來。如果妳能拿到婚禮籃，這是唯一能割斷繩子的刀子。等妳到了婚禮籃那裡，妳就會明白我的意思。」

我把刀子插回刀鞘，繫在我的腰帶上。

「現在妳坐在這裡，」艾格妮斯說，「在這張毯子上，安靜不動。在這個深夜中，我會感覺到偉大北方白水牛女神的存在，如果妳決定做這件事，她會派遣一隻動物來對妳說話。不要害怕——她也許會送一隻鹿或獾，或甚至一隻臭鼬。妳可以留在這裡，直到天亮，如果沒有任何事發生，還是去吧；但是如果有一隻動物過來，想想妳的好運！永恆的女先知使妳像她一樣神聖。」

艾格妮斯捲起她的包包，綁起來。當我明白她準備要走時，我最深的恐懼回來了。

「但是艾格妮斯，」我說，「那三個人從來不會離開。」

她看著我，「琳恩，妳要設法避開他們，妳必須找出辦法。不要去想，否則妳會用光妳的力量，你已經充滿了，我看得出來。」

我並沒有感覺很充滿，我想友善的煙是不是帶走了我的勇氣。

「艾格妮斯……」我懇求她。

「我已經做了我所能做的一切。在這裡待一會兒，友善的煙告訴我，在北極光中的白水牛女神，正在決定是不是要派一個愛人來安慰妳。」她聳聳肩，「但是這要由她決定。記住，如果妳用那把刀，要割得很快！」

艾格妮斯轉身離去，留我坐在毯子上。夜晚沈重黑暗，我閉上眼睛。在我後面，我聽見樹叢發出聲音，有東西在不遠處徘徊……我聽見左邊有輕柔的腳步聲——一隻很大的動物。我聽見喘氣聲，然後我聞到一種奇怪的麝香味，我正想要轉頭觀看，這時那隻動物的鼻子湊到我的頭髮中，讓我害怕的是，牠開始舔我的脖子。那是一隻有鬍鬚的動物，舌頭上有刺。

我睜開眼睛，凝視著一隻山貓的臉，牠張著嘴喘氣，伸直身子，開始呼嚕作響。我開始摸牠，牠修長的身體都是肌肉。牠的雙爪搭上我的肩膀，我凝視入牠的綠眼睛，牠跳下來，在我四周玩耍地跑著。接著牠調過頭，繞著反方向跑，停下來，像貓一樣彎下頭，然後咆哮一聲。

「你真美麗。」我說。這隻山貓是艾格妮斯所說的動物。那隻貓繞著我，然後站在我面前，也許十五尺遠。牠朝我過來，雙爪伸向空中，直接從我身上跳過去，我轉頭看到牠以優美的弧度消失在樹叢間。

在紅狗的木屋附近，我爬行穿過樹叢，來到一個隱密的地點，躺在地上。我用泥土與樹葉蓋住身體，觀察等待著。

破曉了，鳥兒開始鳴叫，昆蟲跳躍，小螞蟻爬上我的手，蝴蝶在院子裡飛舞……有事情要發生了——不管是好是壞。我所有的直覺都準備迎接一場戰鬥。

我聽見木屋傳出聲音，我的知覺似乎增強了，然後紅狗走出來到前院，我發現鳥兒停止鳴叫。

「小鼓，過來。」紅狗叫道。

一會兒後，門打開來。小鼓拿著咖啡杯。

「什麼？」小鼓問。

「去拿我的挖掘棍子來！不要拿錯我的登山棍。我要去挖一些野生的青菜做晚餐。」

小鼓進去，拿了棍子出來。紅狗接過去，朝西邊的山丘前進，消失在樹林中。小鼓坐在台階上喝咖啡。班推開門，進行他的例行如廁公事。

「你忙個什麼勁，班？」

「等不及了。」他說，打開剛裝上的鎖，他進去關上了門。

他們交換了一些不雅的字眼。

小鼓來到工具間旁邊。

「快一點！」他回頭叫道，「我也要用……」

小鼓打開工具間的鎖，進去了。我聽見他咒罵著盧碧，四處敲打著。一把長斧頭被丟到外面，然後是一條鍊子。小鼓繼續在裡面亂翻，顯然想要找什麼東西。

就是現在了！

我跳出來，跑向工具間，我的動作迅速確實，我完全知道我要怎麼做。我關上了工具間的門，扣上鎖，把小鼓關在裡面，然後我抓起斧頭與鐵鍊，朝二十五碼外的廁所跑去。

「喂，」小鼓叫道，敲打著工具間的門。「喂，怎麼搞的？讓我出來！」

我感覺我彷彿是在慢動作中。我知道我無法把那複雜的廁所門鎖上，所以我用鐵鍊繞住整個廁所，打了個結，然後用斧頭扭緊鐵鍊。

現在班開始敲打廁所的門。「會輪到你的！你在幹什麼？」班與小鼓兩個都在叫喊咒罵著，敲打著牆壁，他們的聲音越來越有敵意。

我拔出刀子，跑向木屋。門沒有鎖，我花了一段時間適應屋內的黑暗，然後我看到了它——婚禮籃。那精緻的婚禮籃，就放在木屋角落的桌子上，我伸手去拿它。

突然間，我聽見紅狗的聲音。我強迫自己抓穩手中顫抖的刀，門被推開，艾格妮斯站在那裡！我在做夢嗎？

「艾格妮斯，妳在這裡做什麼？妳破壞了我的計畫。」

「把刀給我，」她命令道。「這個籃子不對——力量的籃子被藏起來了，紅狗又騙了妳。」她朝我跨近一步。

「站住，艾格妮斯！」我歇斯底里地大叫，把刀子指著她。「站在那裡！」我的手臂劇烈地晃動著。

我總是會做艾格妮斯要我做的任何事，但是現在很不對勁……我對她感到憎惡，彷彿整個宇宙都顛倒了，但是我知道，什麼事都無法阻止我，甚至連艾格妮斯都不能。

「看著我，艾格妮斯。」

艾格妮斯慢慢轉過來凝視我，她的眼睛無情而絕望，我知道那是紅狗的眼睛，我發出了恐怖的呻吟。

現在那些鹿皮衣與鞋子垂掛在他身上，就像一個稻草人一樣，從婚禮籃四周射出明亮的光線到他身上。紅狗在用某種發亮的光線纖維連接了婚禮籃，似乎有波動從他身體中發出，他變成了像是一圈圈的鐵絲，一張紅鬍子的臉開始慢慢從鐵絲中出現，而艾格妮斯的臉慢慢分解掉……他開始對我吼叫，要我離開婚禮籃，他的聲音變成低沈的男人聲音。

「妳膽敢來這裡！」他吼道。他看起來像個瘋漢，充滿了自大與怒火。

我抱住婚禮籃，連發光纖維一起抱進懷中，然後我踢翻面前的桌子，開始切割那些明亮的絲線，我不知道從哪裡得到這麼大的力氣。

紅狗審視著我，彎著身子，他的頭像喝醉酒般搖晃著，他正在聚集力量，他的姿勢像是一隻憤怒的猛牛準備要衝鋒。我為了自己的生命揮舞著刀子，又拉又扯著婚禮籃，感覺到一股熱力穿過我的身體。

「妳不知道妳在做什麼！如果妳把我切斷，妳會改變平衡的力量，妳不瞭解。」他仍然跳著他的力量之舞，從一邊晃到另一邊。「不要相信艾格妮斯，她是個說謊者！」

「不，紅狗……」我叫道，「你才是說謊者！」我繼續切割著剩下的纖維。

突然間紅狗瘋狂地衝上前，把手伸到火爐中，抓了一手火紅的木炭出來。他發出恐怖的叫聲，把木炭對我的臉砸過來，然後衝過來。木炭像發亮的棒球一樣飛來，有些打中了我，血液從我的前額流下來，阻礙了我的視線。我失去平衡，但是我仍然設法割斷了最後一根纖維——我可以感覺到張力在刀鋒下斷裂。紅狗的身體正撲到我身上，我抱著籃子，被撞倒在地上，然後突然間，他的體重飄然而去，他變成了一個閃亮的形體飄浮在我上方。我翻滾開來，站起身，他的光芒開始消散。他似乎在光中萎縮，他在呻吟，被困在裡面。他的皮膚開始鬆弛，像是一張網子垂掛在骨架上，他扭曲翻轉著，紅狗正在枯萎老化……我恐懼地看著，仍然緊抱著籃子，然後那怪異的光芒不見了，只剩下一個白髮的老人。

我向後退，跑著離開木屋，一切都結束了。也許我瘋了，但是我知道一件事——我得到了婚禮籃！我可以感覺到它。

它似乎像一個活的實體，像一條捲起來的蛇，然後我發現它的溫暖表面在活動。我看著它，感覺它在滑動。怎麼搞的？感覺起來彷彿一部份的籃子正被吸入我的身體，我的腹部。它不再像是一個獨立的籃子了，但是我的手仍然抓著它。

我可以感覺血液正滴下我的臉，心想，也許我因為受傷而產生了幻覺。我繼續抓著籃子，留意著不要丟掉它，然後我體驗到一種奇特的感覺；我好像在我自己之上跑著，我的身體開始顫抖，一陣陣波動穿過我的脊椎。我不知道我在這種狂喜的狀態中多久時間，但是終於有一道光芒在我頭裡面爆發，我寂靜了下來，不再感到恐懼。

我不記得我是怎麼回到艾格妮斯的木屋，但是當她看到我時，她的臉上帶著微笑。

「把刀子給我。」她說。

我從腰帶中拿出刀子遞給她，艾格妮斯把刀子放進她的襯衫中。

我倒下去，她接住了我。等我醒來後，發現自己躺在床上，天已經黑了，艾格妮斯正把難聞的藥膏塗抹在我的肚子與我疼痛的頭上，我的肚子上有淤青。

煤油燈在燃燒著，盧碧與七月在外面的月光下唱著克利語的歌。艾格妮斯仔細地觀察我的表情。

「婚禮籃呢，艾格妮斯？我要看看它。」

「它在妳的東西裡面。」艾格妮斯走到櫃子旁，把它舉起來讓我看，然後輕輕地交給我。「琳，妳現在是這個籃子的保護者。它屬於妳以及所有的女人。這個籃子神聖的部份現在是屬於妳的了——妳達到了妳來這裡的目的。」

我點點頭，很驚訝我的平靜。我只能把這種感覺解釋為當我懷孕時的感覺，我感覺到生命在我之中。

「過一兩天妳就會好。」艾格妮斯給我溫暖的微笑。「對了，我還有一些東西要給妳，這是個值得慶祝的時候，是屬於異象的時候！」

我從床上坐起來，艾格妮斯從架子上拿了一個很大的煙斗袋給我，上面有狼的皮毛。

我流下眼淚。這個煙斗是我做的那一個，現在已經完全串好了珠子。

「現在妳有了一個煙斗，」艾格妮斯說，她的眼睛閃亮。「驕傲地握著它！它是一個女人的煙斗，一個神聖的煙斗，宇宙的律法就在煙斗裡。妳還有許多要學習的，妳的學習才該開始，現在妳可以開始看見真正的世界了。」

尾聲

經過了本書所描述的經驗後，我回到了比佛利山莊。我看了所有的老朋友，回到了熟悉的老地方，但是與我的回憶比較起來，它們看起來都像是影子而已。

這樣過了幾個禮拜，直到我再也無法忍受。沒有告訴任何人，我又回到了加拿大去看艾格妮斯。當我突然地走進她的小屋中，她正坐在地板上。我坐在她的面前，給她煙草——一條美國香菸。她收下來，沒有說什麼，把香菸放在地板上。

她似乎在等待我。

「一切都改變了……」我試著解釋，「我不知道該怎麼辦？我要回到妳的世界，我要妳繼續教導我。」

她專注地看著我。「不行，」她說，聲音非常堅定。「還不是時候。」

「艾格妮斯，妳告訴過我，我所學的一切都是神聖與秘密的，是不是如此？」

「的確是如此。」

「我能不能告訴任何人，與任何人討論？」

「不行！」

「那麼，我該怎麼辦？」

艾格妮斯有力地凝視我一會兒。她把手伸直在她前方，與地板平行，緊握著拳頭。然後她慢慢張開她的手，繼續舉在身前，手指朝上。

「妳知不知道這是什麼意思？」她問。

我搖搖頭。「這是手語嗎？」

「是的。當妳這樣張開手指時，代表兩件事。手指象徵著人們，打開它們是表示放開某種東西。我正在告訴妳，把力量的世界給予妳的人們。讓妳的訊息飛揚，讓老鷹高飛！」

「這是什麼意思呢？」

「妳見識了許多，妳知道了許多，但是還不夠。我告訴過妳，會有一個時候，妳必須被迫選擇妳的死亡，現在就是時候。去寫一本書，把妳所學到的給予別人，然後妳才可以回來見我。」

當我駕車駛離艾格妮斯的小屋，在顛頗的路面上前進時，我不停唸誦著一首羅賓生．傑佛斯（Robinson Jeffers）的詩：

老鷹與鷲用牠們有力的爪與喙把生命撕成碎片；
禿鷹與烏鴉等待死亡使它軟化。
詩人無法用這個時代來餵食，
直到他把它與他自己
都撕成碎片。

（全書完）

◆ 藥女系列 -1

藥女

Medicine Woman

作　　者｜Lynn V. Andrews
譯　　者｜魯宓
文字編輯｜李筠霏
美術編輯｜斐類設計工作室
發 行 人｜黃采茵
出 版 者｜黃裳・元吉文化事業
地址：台北市大安區仁愛路四段345巷4弄5號1樓
電話：(02) 2778-2133
網址：http://www.yin-yang.com.tw
信箱：tao@yin-yang.com.tw
總 經 銷｜吳氏圖書有限公司
電話：(02) 3234-0036
印　　刷｜承峰美術印刷
電話：(02) 2225-7055

◆ 2013年 3 月初版　◆ 訂價 360元
◆ ISBN 978-986-88157-1-1

出版單位：黃裳元吉文化事業
藥女／琳恩・安德魯絲（Lynn V. Andrews）
作；魯宓譯

ISBN 978-986-88157-1-1　（平裝）